DEIN LEBEN DEIN WEG

Impressum

1. Auflage Originalausgabe

© 2024 by Celine Druelle

Druck und Bindung: Amazon

Imprint: Hmdpublishing

Alle Rechte vorbehalten. Nachdruck auch auszugsweise verboten.

Alle Texte und Bilder dieses Buches sind urheberrechtlich geschütztes Material und sind ohne explizite Erlaubnis des Urhebers, Rechteinhaber und Herausgebers für Dritte nicht nutzbar.

Celine Druelle

An der Alten Ziegelei 38

48157 Münster

celine.druelle@gmx.de

Inhalt

Einleitung 5
    Warum dieses Buch?.. 5
    Warum es wichtig ist, dir selbst treu zu bleiben 5

01. Wenn das Leben sich plötzlich ändert 8
    1. Du bist, was du tust: wie Routinen über deine
    Lebensqualität und Erfolg bestimmen. 9
        1.1 Die Bedeutung von Routinen für dein Wohlbefinden 9
        1.2 Wie du positive Routinen etablierst 10
    2. Veränderungen verstehen und annehmen 13
        2.1 Die 5 Phasen der Veränderung. 13
        2.2 Strategien zur Bewältigung von Veränderungen 16

02. Dinge, die du nicht länger tun solltest, wenn du glücklich leben willst ... 20
    1. Identifikation von belastenden Gewohnheiten. 21
        1.1 Negative Gewohnheiten erkennen 21
        1.2 Wege, um schädliche Muster zu durchbrechen: 5 effektive Methoden...23
    2. Lernen, sich von negativen Einflüssen zu trennen 25
        2.1 Den Einfluss von toxischen Beziehungen verstehen.. 25
        2.2 Methoden zur Distanzierung von negativen Einflüssen. 28

03. Die Bedeutung von Autonomie und Selbstbestimmung. 30
    1. Selbstbestimmtes Handeln und Entscheiden. 31
        1.1 Was bedeutet Autonomie für dich?. 31
        1.2 Entscheidungsfindung: Deine eigene Stimme finden 32
    2. Die psychologischen Grundlagen der Autonomie.. 35
        2.1 Die Rolle der Selbstwirksamkeit. 35
        2.2 Der Stress-Check für deinen Alltag.. 37

04. Pilates und mentale Gesundheit 40
    1. Das richtige Mindset kriegen.. 41
        1.1 Mental Load: Wie unsichtbare Aufgaben uns belasten 41
        1.2 Wie du dir dein eigenes positives Mindset erarbeitest 43
    2. Pilates als ganzheitliches Training. 45
        2.1 Was das ganzheitliche Körpertraining ausmacht.. 45
        2.2 Einfache Pilates Übungen, die dir persönlich etwas
        bringen. Die 5 effektivsten Übungen 46

05. Einfache Übungen, um dein Selbstbewusstsein zu stärken. 50
    1. Die Kraft der Selbstreflexion 51
        1.1 Tagebuch schreiben 51
        1.2 Fragen, die dir helfen, dich selbst besser zu verstehen:
        8 wertvolle Ansätze.. 53

    2. Kleine Schritte, große Wirkung: Tägliche Übungen 56
        2.1 Morgendliche Affirmationen: Dein Leitfaden für deine
        morgendliche Routine. 56
        2.2 Abends Reflexion und Dankbarkeitspraxis 57

06. Tipps und Tricks für mehr Body Positivity 60
    1. Praktische Tipps für mehr Selbstliebe.............................61
        1.1 Körperakzeptanz: Dein Körper als Freund....................61
        1.2 Selbstlieberituale: 6 Pflegeroutinen für mehr Wohlbefinden.....63
    2. Übungen zur Stärkung des Körperbewusstseins 66
        2.1 5 Spiegelübungen: Dich selbst positiv sehen................66
        2.2 Bewegung, die Freude macht: Finde deinen Sport.........71

07. Positive Affirmationen in der Praxis. 73
    1. tägliche Affirmationsübungen 74
        1.1 Wie du wirkungsvolle Affirmationen formulierst..........74
        1.2 5 Affirmationen als tägliches Ritual integrieren. 75
    2. Alternativen zu klassischen Affirmationen 77
        2.1 4 Visualisierungstechniken...77
        2.2 Positives Selbstgespräch im Alltag 79

08. Nein sagen lernen 82
    1. Die Bedeutung von Grenzen setzen..............................83
        1.1 Warum Grenzen wichtig für deine Gesundheit sind 83
        1.2 Wie du 7 klare und respektvolle Grenzen setzt.............85
    2. Übungen zum Nein sagen lernen................................86
        2.1 Rollenspiele zur Grenzsetzung....................................86
        2.2 Reflexion über gesetzte Grenzen 88

09. Praktische Achtsamkeitsübungen 91
    1. Achtsamkeitsübungen für den Alltag...........................92
        1.1 Atemübungen für mehr Gelassenheit 92
        1.2 Achtsames Essen: Genuss statt Eile.............................94
    2. Meditation und ihre positiven Effekte 96
        2.1 Wie du eine regelmäßige Meditationspraxis aufbaust.........96
        2.2 6 einfache Meditationsanleitungen 99

10. Umgang mit Ausreden und Bequemlichkeit........................102
    1. Wie du gegen diese Ausreden angehen kannst................103
        1.1 Wie man Ausreden entlarven kann............................103
        1.2 Strategien zur Überwindung von Prokrastination:
        6 effektive Ansätze. 105
    2. Motivationsstrategien für den Alltag..............................107
        2.1 7 Ziele setzen und verfolgen 107
        2.2 5 Belohnungssysteme zur Motivation 108

Schlusswort..112

Haftungsausschluss. 114

EINLEITUNG

Du hältst dieses Buch in den Händen, weil du auf der Suche nach Veränderung bist, nach einem Weg, dein Leben wieder selbst zu bestimmen und dich von den erdrückenden Anforderungen und Erwartungen anderer zu befreien. „Dein Leben dein Weg Wie du dein Leben wieder selbst bestimmst" ist genau für dich geschrieben – für zum Beispiel Ehefrauen, Mütter und alle, die das Gefühl haben, im Alltag den Ansprüchen anderer gerecht werden zu müssen. Vielleicht fühlst du dich manchmal überfordert, erschöpft oder gar verloren in der Hektik des täglichen Lebens. Du bist nicht allein. Dieses Buch soll dir helfen, wieder zu dir selbst zu finden und dein Leben nach deinen eigenen Vorstellungen zu gestalten

Warum dieses Buch?

Unser modernes Leben stellt hohe Ansprüche an uns. Vielleicht jonglierst du täglich mit einer Vielzahl von Aufgaben – von beruflichen Verpflichtungen über die Kindererziehung bis hin zu sozialen Verpflichtungen und den Erwartungen, die an dich gestellt werden. Dabei bleibt oft wenig Zeit für dich selbst. Dieses Buch zeigt dir, wie du dir diese Zeit nehmen kannst, ohne ein schlechtes Gewissen zu haben. Es hilft dir, den äußeren Druck abzubauen und dich wieder auf das zu konzentrieren, was dir wirklich wichtig ist.

Du wirst lernen, mit Veränderungen umzugehen, ohne dabei den Boden unter den Füßen zu verlieren. Wir werden untersuchen, welche Gewohnheiten dir möglicherweise im Weg stehen und wie du sie loslassen kannst. Du wirst verstehen, warum es so wichtig ist, sich selbst treu zu bleiben und wie du diese innere Treue im Alltag leben kannst.

Warum es wichtig ist, dir selbst treu zu bleiben

Es gibt viele Gründe, warum es wichtig ist, dir selbst treu zu bleiben. In erster Linie geht es um dein eigenes Wohlbefinden und deine Zufriedenheit. Wenn du ständig versuchst, den Erwartungen anderer zu entsprechen, verlierst du leicht den Kontakt zu deinen eigenen Bedürfnissen und Wünschen. Es ist eine schleichende Entwicklung, die dich auf lange Sicht unglücklich macht, wenn du nicht nach deinen eigenen Vorstellungen lebst. Dieses Buch möchte dich ermutigen, deinen eigenen Weg zu finden und zu gehen.

Ein weiterer wichtiger Aspekt ist, dass du durch deine innere Stärke und Selbsttreue auch für deine Familie und dein Umfeld zu einem positiven Vorbild wirst. Kinder lernen durch Nachahmung und sehen in dir ein Beispiel dafür, wie man sein Leben selbstbestimmt und glücklich gestalten kann. Auch in deiner Partnerschaft wird es positive Veränderungen geben, wenn du mehr auf deine eigenen Bedürfnisse achtest und diese klar kommunizierst. In diesem Buch erwarten dich spannende theoretische Erkenntnisse, die dir helfen werden, dein Leben besser zu verstehen und zu ordnen. Aber das ist erst der Anfang. Der Schwerpunkt liegt auf praktischen Übungen und Tipps, die du sofort in deinen Alltag integrieren kannst.

Du wirst lernen, wie du dein Selbstbewusstsein stärkst, welche Achtsamkeitsübungen dir helfen können, im Moment zu bleiben, und wie du positive Affirmationen richtig anwendest. Wir werden uns mit Pilates und mentaler Gesundheit beschäftigen und du wirst erfahren, wie du effektiv "Nein" sagen lernst. Und schließlich wirst du entdecken, wie du durch kleine Alltagsrituale mehr Authentizität und Freude in dein Leben bringen kannst.

Vielleicht hast du dich schon oft gefragt, wie du es schaffen kannst, zwischen all den Anforderungen des Alltags auch noch Raum für dich selbst zu finden. Du bist ständig auf Achse, immer für andere da, doch wann warst du das letzte Mal wirklich für dich selbst da? Diese Gedanken sind der Ausgangspunkt für das Buch, das du gerade in Händen hältst. Es geht darum, dass du dich selbst nicht aus den Augen verlierst und dein Leben nach deinen eigenen Vorstellungen und Wünschen lebst. Freue dich auf ein Buch, das dir nicht nur theoretisches Wissen vermittelt, sondern dich auch aktiv dabei unterstützt, dein Leben selbstbestimmt und erfüllend zu gestalten. "Dein Leben dein Weg Wie du dein Leben wieder selbst bestimmst" ist dein Begleiter auf dem Weg zu einem glücklicheren und authentischeren Leben. Lass uns gemeinsam diesen Weg gehen und herausfinden, wie du dein Leben voll genießen kannst.

Im Theorieteil dieses Buches wirst du wichtige Erkenntnisse gewinnen, die dir helfen, dein Leben besser zu verstehen und zu strukturieren. Wir beginnen damit, wie sich Veränderungen auf dein Leben auswirken können und wie du diesen mit positiven Routinen begegnen kannst. Im zweiten Kapitel werden wir uns damit beschäftigen, welche Dinge du nicht länger tun solltest, wenn du glücklich leben willst. Dies beinhaltet das Loslassen negativer Gewohnheiten und das Bewusstwerden von Einflüssen, die dir schaden. Im dritten Kapitel erfährst du, wie bedeutend Autonomie und Selbstbestimmung für dein Wohlbefinden sind und wie du diese in deinem Leben integrieren kannst. Anschließend folgt der Praxisteil, der dir konkrete Werkzeuge an die Hand gibt, um dein Leben aktiv zu gestalten. Du wirst einfache Übungen kennenlernen, um dein Selbstbewusstsein zu stärken und praktische Achtsamkeitsübungen, die dir helfen, im Moment zu bleiben.

Zum Schluss widmen wir uns den kleinen, aber feinen Alltagsritualen, die dir helfen, authentischer zu leben und mehr Freude in deinen Alltag zu bringen. Diese Rituale können dir dabei helfen, den Tag bewusster zu erleben und mehr Zufriedenheit zu empfinden. Am Ende dieses Buches wird es dir garantiert dann nicht mehr schwer fallen, gute und positive Änderungen in deinem Leben zu erkennen und hervorzuheben. Es wird dir leichter fallen, mehr du selbst zu sein und dich und deinen Körper besser zu akzeptieren.

> Lass dich also auf diese spannende Reise in den nächsten Kapiteln ein und sei gespannt darauf, was dich persönlich alles erwarten wird!

Kapitel 1:

WENN DAS LEBEN SICH PLÖTZLICH ÄNDERT

1. Du bist, was du tust: wie Routinen über deine Lebensqualität und Erfolg bestimmen

1. Du bist, was du tust: wie Routinen über deine Lebensqualität und Erfolg bestimmen

1.1 Die Bedeutung von Routinen für dein Wohlbefinden

In unserem hektischen Alltag, der oft von unvorhersehbaren Ereignissen und ständigen Anforderungen geprägt ist, können Routinen ein Anker der Stabilität und Ruhe sein. Routinen sind wiederkehrende Verhaltensmuster, die uns helfen, den Tag zu strukturieren und uns auf das Wesentliche zu konzentrieren. Sie bieten nicht nur eine Struktur, sondern auch eine Form von Sicherheit und Vorhersehbarkeit, die inmitten des täglichen Chaos sehr beruhigend wirken kann.

Routinen haben einen tiefgreifenden Einfluss auf unser Wohlbefinden, weil sie unser Leben vereinfachen und uns ermöglichen, wichtige Aufgaben effizient zu erledigen. Wenn du regelmäßig eine feste Abfolge von Aktivitäten hast, musst du weniger Entscheidungen treffen. Diese Verringerung der sogenannten Entscheidungsmüdigkeit kann deine geistige Energie schonen und dich weniger gestresst und überfordert fühlen lassen. Indem du weniger Zeit und Energie für alltägliche Entscheidungen aufwendest, hast du mehr Kapazitäten für wichtige Aufgaben und Herausforderungen des Tages. Ein geregelter Tagesablauf kann dir helfen, gesunde Gewohnheiten zu entwickeln und beizubehalten. Beispielsweise kann eine morgendliche Routine, die Bewegung und ein gesundes Frühstück beinhaltet, den Ton für den ganzen Tag setzen. Wenn du jeden Tag zur gleichen Zeit aufstehst, Sport treibst und ein nahrhaftes Frühstück zu dir nimmst, startest du nicht nur körperlich gestärkt in den Tag, sondern auch mental vorbereitet. Diese positiven Gewohnheiten können langfristig deine physische Gesundheit verbessern und dein allgemeines Wohlbefinden steigern.

Darüber hinaus können Routinen dir helfen, deine Emotionen besser zu regulieren. Ein gleichmäßiger und gut geplanter Tagesablauf kann dazu beitragen, Angst und Stress zu reduzieren, indem er dir ein Gefühl der Kontrolle und Sicherheit vermittelt. Wenn du weißt, was dich erwartet und was du tun musst, um deine Ziele zu erreichen, kannst du dich weniger ängstlich und überfordert fühlen.

Dies kann besonders hilfreich sein, wenn du dich in einer Lebensphase befindest, in der viele Dinge unsicher oder unvorhersehbar sind. Routinen können auch die Qualität deiner zwischenmenschlichen Beziehungen verbessern. Indem du feste Zeiten für Familie,

Freunde und Partner einplanst, kannst du sicherstellen, dass du ausreichend Zeit und Aufmerksamkeit für die Menschen aufbringst, die dir wichtig sind. Dies kann deine Beziehungen vertiefen und dir helfen, ein starkes soziales Netzwerk aufzubauen, das in schwierigen Zeiten Unterstützung bietet.

Ein weiterer Aspekt, der oft übersehen wird, ist die Bedeutung von Schlafroutinen für unser Wohlbefinden. Ein regelmäßiger Schlafrhythmus trägt erheblich zur Verbesserung deiner Schlafqualität bei. Indem du jeden Tag zur gleichen Zeit ins Bett gehst und aufstehst, regulierst du deinen natürlichen Biorhythmus und förderst einen erholsamen Schlaf. Ausreichender und qualitativ hochwertiger Schlaf ist essentiell für deine körperliche und geistige Gesundheit. Er verbessert deine Konzentration, stärkt dein Immunsystem und hilft deinem Körper, sich von den Anstrengungen des Tages zu erholen.

Ein Beispiel für eine nützliche Routine ist das Einrichten eines "digitalen Sonnenuntergangs", bei dem du eine Stunde vor dem Schlafengehen alle elektronischen Geräte ausschaltest. Diese Praxis kann dir helfen, besser abzuschalten und deinen Geist auf den Schlaf vorzubereiten. Auch das Führen eines Tagebuchs kann eine wertvolle abendliche Routine sein. Indem du deine Gedanken und Gefühle des Tages niederschreibst, kannst du den Tag reflektieren, Stress abbauen und mit einem klaren Kopf ins Bett gehen. Die Integration von Routinen in dein Leben erfordert anfänglich Disziplin und Planung, aber die langfristigen Vorteile sind beträchtlich. Beginne mit kleinen, überschaubaren Schritten und baue nach und nach weitere Elemente in deinen Alltag ein. Überlege dir, welche Aktivitäten dir guttun und wie du sie in eine regelmäßige Routine einbinden kannst. Es kann hilfreich sein, dir diese Routinen schriftlich festzuhalten und dir visuelle Erinnerungen zu setzen, bis sie zur zweiten Natur werden.

Zusammengefasst: Routinen sind mächtige Werkzeuge, die deine Lebensqualität und deinen Erfolg erheblich beeinflussen können. Sie bieten Struktur, fördern gesunde Gewohnheiten, reduzieren Stress und verbessern deine emotionale und physische Gesundheit. Indem du positive Routinen in dein Leben integrierst, kannst du nicht nur deinen Alltag besser bewältigen, sondern auch dein allgemeines Wohlbefinden erheblich steigern.

1.2 Wie du positive Routinen etablierst

Positive Routinen bereichern dein Leben nachhaltig, indem sie dir helfen, Struktur, Stabilität und Wohlbefinden in deinen Alltag zu bringen. Doch wie genau beginnt man diesen Prozess, ohne sich von der schieren Anzahl möglicher Veränderungen überfordert zu fühlen? Hier sind einige praxisnahe Tipps um dir zu helfen, positive Routinen mit Freude und Leichtigkeit zu etablieren.

1. Klare und realistische Ziele setzen

Zunächst ist es wichtig, dass du dir bewusst machst, was du erreichen möchtest. Träumst du davon, mehr Zeit für dich selbst zu haben, deine Gesundheit zu verbessern oder deine Beziehungen zu stärken? Setze dir dabei konkrete und erreichbare Ziele. Zum Beispiel, statt nur „mehr Sport" anzustreben, könnte dein Ziel sein, zweimal pro Woche joggen zu gehen. So hast du ein klares Ziel vor Augen, das du verfolgen kannst. Es ist wie beim Backen: Ohne ein Rezept und eine Vorstellung vom Ergebnis kann das Endprodukt chaotisch werden.

2. Kleine Schritte machen

Es ist verlockend, alles auf einmal ändern zu wollen, aber denk daran, dass große Veränderungen oft aus vielen kleinen Schritten bestehen. Beginne mit einfachen Anpassungen, die sich leicht in deinen Alltag integrieren lassen, wie etwa das tägliche Trinken eines Glases Wasser nach dem Aufstehen. Diese kleinen Erfolge sind wie die ersten Sonnenstrahlen am Morgen, die dir den Weg erhellen und dir Mut machen, weiterzugehen.

3. Eine unterstützende Umgebung schaffen

Dein Umfeld kann einen großen Einfluss darauf haben, wie gut du neue Routinen etablieren kannst. Schaffe dir eine Ecke, die nur für deine neuen Gewohnheiten gedacht ist – sei es eine gemütliche Leseecke oder ein Platz für deine Yoga-Matte. Diese physischen Ankerpunkte helfen dir, den neuen Gewohnheiten Raum in deinem Leben zu geben. Es ist, als würdest du einen kleinen Garten anlegen: Du bereitest den Boden vor, pflanzt die Samen und sorgst dafür, dass sie wachsen können.

4. Erinnerungen und unterstützende Apps nutzen

Manchmal brauchen wir alle einen kleinen Schubs in die richtige Richtung. Nutze Notizzettel, Kalender oder Apps, um dich an deine neuen Gewohnheiten zu erinnern. Apps wie „Habitica" oder „Streaks" können dir dabei helfen, den Überblick zu behalten und dich zu motivieren, indem sie deinen Fortschritt spielerisch darstellen. Stell dir vor, wie du deine Ziele jeden Tag ein Stückchen näher kommst und dabei kleine Erfolge feierst – wie ein Abenteurer, der auf seiner Karte immer neue Gebiete entdeckt.

5. Neue Gewohnheiten an bestehende knüpfen

Eine einfache und effektive Methode, um neue Routinen zu etablieren, ist das sogenannte „Habit Stacking". Verknüpfe neue Gewohnheiten mit bereits bestehenden, um den Übergang nahtlos zu gestalten. Wenn du zum Beispiel jeden Morgen eine Tasse Kaffee trinkst, könntest du dir angewöhnen, direkt danach ein Glas Wasser zu trinken. Diese Methode hilft dir, die neuen Gewohnheiten fast automatisch in deinen Tagesablauf zu integrieren.

6. Geduld und Flexibilität

Denke daran, dass es Zeit braucht, bis neue Gewohnheiten fest verankert sind. Es ist vollkommen normal, dass es zwischendurch Rückschläge gibt. Sei geduldig mit dir selbst und passe deine Routinen an, wenn sie nicht funktionieren. Vielleicht ist es gerade eine stressige Woche und du schaffst es nicht, deinen geplanten Sport einzuhalten. Anstatt aufzugeben, überlege, ob du die Intensität reduzierst oder eine alternative Aktivität wählst. Flexibilität ist hier der Schlüssel.

7. Belohnungen einbauen

Belohnungen sind ein wesentlicher Bestandteil des Prozesses. Sie helfen, deine Motivation aufrechtzuerhalten und den Weg zu deinem Ziel zu genießen. Überlege dir kleine Belohnungen für das Einhalten deiner neuen Routinen, wie ein entspannendes Bad oder eine Episode deiner Lieblingsserie. Diese kleinen Freuden können wahre Wunder wirken, um dich bei Laune zu halten und den Prozess angenehm zu gestalten. Du kannst dabei sogar dich schon belohnen bevor oder während du auf dein Ziel hinarbeitest. Wenn du zum Joggen gehst und dabei dir schon ein Stück von deiner Lieblingsschokolade gönnst ist das auch eine wunderbare Möglichkeit, dich überhaupt für das Joggen zu motivieren.

8. Unterstützung suchen

Teile deine Ziele mit deinen Liebsten und bitte sie um Unterstützung. Es ist unglaublich wertvoll, jemanden an deiner Seite zu haben, der dich motiviert und anfeuert. Vielleicht findest du auch eine Partnerin oder einen Partner, der ähnliche Ziele verfolgt, und ihr könnt euch gegenseitig inspirieren. Gemeinsam ist man stärker – das gilt auch bei der Etablierung neuer Routinen.

9. Regelmäßig reflektieren

Nimm dir regelmäßig Zeit, um über deine Fortschritte nachzudenken. Was hat gut funktioniert? Wo könntest du noch etwas ändern? Diese Reflexion hilft dir, deine Ziele im Blick zu behalten und gegebenenfalls Anpassungen vorzunehmen. Ein Tagebuch kann ein wunderbarer Begleiter sein, um deine Erfolge und Herausforderungen festzuhalten und daraus zu lernen.

10. Beständigkeit ist der Schlüssel

Schließlich ist Beständigkeit der Schlüssel zum Erfolg. Auch wenn du an manchen Tagen deine neuen Routinen nicht perfekt einhältst, ist es wichtig, dranzubleiben und immer wieder neu zu beginnen. Jeder kleine Schritt bringt dich näher an dein Ziel. Es ist wie bei einem Marathon: Es kommt nicht darauf an, wie schnell du läufst, sondern dass du das Ziel erreichst.

Positive Routinen zu etablieren ist ein kraftvoller Weg, um dein Leben zu verbessern und deine Ziele zu erreichen. Es erfordert Geduld, Planung und Ausdauer, aber die Vorteile sind immens. Mit der richtigen Herangehensweise und einer positiven Einstellung kannst du Routinen entwickeln, die dir helfen, ein glücklicheres, gesünderes und erfüllteres Leben zu führen.

2. Veränderungen verstehen und annehmen

2.1 Die 5 Phasen der Veränderung

Veränderungen sind ein unvermeidlicher Bestandteil des Lebens und oft der Schlüssel zu persönlichem Wachstum und Entwicklung. Ob es sich um eine Veränderung im beruflichen Umfeld, in persönlichen Beziehungen oder in deinem täglichen Leben handelt – jede Veränderung durchläuft verschiedene Phasen, die du verstehen und annehmen kannst, um besser mit ihnen umzugehen. Indem du die Phasen der Veränderung verstehst, kannst du dich besser darauf vorbereiten und die Herausforderungen, die damit einhergehen, erfolgreich meistern.

1. Phase: Vorahnung und Vorbereitung

In der ersten Phase der Veränderung beginnt alles mit einer Vorahnung oder einem Gefühl, dass eine Veränderung bevorsteht. Dies kann durch äußere Umstände oder durch ein inneres Bedürfnis nach

Veränderung ausgelöst werden. In dieser Phase beginnst du, die Notwendigkeit einer Veränderung zu erkennen und dich mental darauf vorzubereiten. Du kannst diese Phase nutzen, um Informationen zu sammeln, deine Optionen zu bewerten und einen Plan zu entwickeln.

Diese Phase legt den Grundstein für den gesamten Veränderungsprozess. Je besser du dich vorbereitest und je klarer deine Ziele sind, desto einfacher wird es, die folgenden Phasen zu durchlaufen. Überlege dir in dieser Phase, was du erreichen möchtest und welche Schritte notwendig sind, um dorthin zu gelangen.

2. Phase: Widerstand und Unsicherheit

Sobald die Veränderung beginnt, trittst du in die Phase des Widerstands und der Unsicherheit ein. Veränderungen bringen oft Unsicherheit und Angst mit sich, weil sie dich aus deiner Komfortzone herausdrängen. In dieser Phase ist es normal, Zweifel und Ängste zu verspüren. Du kannst das Gefühl haben, dass die Veränderung zu schwierig oder unmöglich ist. Widerstand ist eine natürliche Reaktion auf das Unbekannte.

Es ist wichtig, in dieser Phase geduldig mit dir selbst zu sein und deine Gefühle anzuerkennen. Vermeide es, gegen den Widerstand anzukämpfen, sondern versuche, ihn zu verstehen. Was genau macht dir Angst? Welche Aspekte der Veränderung lösen Unsicherheit aus? Indem du diese Fragen beantwortest, kannst du beginnen, konstruktive Lösungen zu finden und dich schrittweise an die neue Situation anzupassen.

3. Phase: Akzeptanz und Anpassung

In der dritten Phase beginnst du, die Veränderung zu akzeptieren und dich anzupassen. Du erkennst, dass Widerstand nicht weiterhilft und beginnst, dich aktiv mit der neuen Situation auseinanderzusetzen. Diese Phase ist geprägt von einer zunehmenden Offenheit und Bereitschaft, die Veränderung anzunehmen. Du fängst an, die Vorteile der Veränderung zu sehen und entwickelst Strategien, um mit den neuen Herausforderungen umzugehen.

Die Anpassung erfordert Flexibilität und Lernbereitschaft. Du musst möglicherweise neue Fähigkeiten erwerben oder alte Gewohnheiten ändern, um dich an die neue Realität anzupassen. In dieser Phase ist es hilfreich, sich auf die positiven Aspekte der Veränderung zu konzentrieren und sich selbst für kleine Fortschritte zu loben. Jede Anpassung bringt dich näher an dein Ziel und stärkt dein Vertrauen in deine Fähigkeit, Veränderungen zu meistern.

4. Phase: Integration und Neuanfang

Die vierte Phase ist die Integration und der Neuanfang. In dieser Phase wird die Veränderung zu einem festen Bestandteil deines Lebens. Du hast die neuen Gegebenheiten akzeptiert und integriert und fühlst dich zunehmend wohl in deiner neuen Situation. Die anfänglichen Ängste und Unsicherheiten weichen einem Gefühl der Zuversicht und des Fortschritts. Du erkennst die positiven Auswirkungen der Veränderung und wie sie dein Leben bereichert hat.

Diese Phase ist eine Zeit des Wachstums und der Stabilität. Du hast neue Routinen entwickelt und bist in der Lage, die Veränderungen vollständig in deinen Alltag zu integrieren. Es ist auch eine Zeit, in der du zurückblicken und deine Reise reflektieren kannst. Was hast du gelernt? Wie bist du gewachsen? Diese Reflexion kann dir helfen, zukünftige Veränderungen mit mehr Gelassenheit und Selbstvertrauen zu begegnen.

5. Phase: Kontinuierliche Weiterentwicklung

Auch nachdem eine Veränderung erfolgreich integriert wurde, endet der Prozess nicht. Das Leben ist dynamisch, und es wird immer neue Veränderungen und Herausforderungen geben. In dieser letzten Phase geht es darum, kontinuierlich an deiner persönlichen Weiterentwicklung zu arbeiten und offen für zukünftige Veränderungen zu bleiben. Jede Veränderung bietet die Möglichkeit, neue Erfahrungen zu machen und weiter zu wachsen.

Es ist hilfreich, eine Haltung der Neugierde und des Lernens beizubehalten. Frage dich regelmäßig, wie du dich weiter verbessern und anpassen kannst. Suche nach neuen Möglichkeiten und sei bereit, dich erneut auf Veränderungen einzulassen. Diese kontinuierliche Weiterentwicklung hält dich flexibel und anpassungsfähig und ermöglicht es in einer schnelllebigen und hektischen Umgebung erfolgreich zu sein.

Zusammengefasst: Die Phasen der Veränderung – Vorahnung und Vorbereitung, Widerstand und Unsicherheit, Akzeptanz und Anpassung, Integration und Neuanfang sowie kontinuierliche Weiterentwicklung – sind ein natürlicher Prozess, den jeder Mensch durchläuft. Indem du diese Phasen verstehst und bewusst durchlebst, kannst du Veränderungen besser annehmen und nutzen, um persönliches

Wachstum und Erfolg zu erzielen. Veränderung ist eine Chance, die dir hilft, dein Leben selbstbestimmt und erfüllend zu gestalten.

2.2 Strategien zur Bewältigung von Veränderungen

Veränderungen im Leben sind unvermeidlich und oft herausfordernd. Sie können aus verschiedenen Gründen auftreten, wie einem neuen Job, einer Trennung, dem Umzug in eine andere Stadt oder persönlichen Entwicklungen. Der Umgang mit diesen Veränderungen erfordert Strategien, die dir helfen, die Herausforderungen zu meistern und positiv daraus hervorzugehen. Hier sind einige bewährte Strategien, die dir helfen können, Veränderungen erfolgreich zu bewältigen.

1. Akzeptiere die Veränderung

Veränderungen anzunehmen, ist ein wichtiger erster Schritt, um stressige Situationen zu bewältigen. Das Leben ist wie ein Spielplatz voller Überraschungen – manchmal erfreulich, manchmal herausfordernd. Widerstand gegen Veränderungen ist oft so, als würde man versuchen, ein rutschendes Kind auf der Schaukel anzuhalten – es kostet viel Energie und bringt wenig Erfolg. Stattdessen hilft es, die Veränderung anzunehmen und sich auf das Neue einzulassen.

Akzeptanz bedeutet nicht, die Augen vor Schwierigkeiten zu verschließen, sondern sie zu erkennen und als Teil des Lebens zu akzeptieren. Es hilft, sich auf die positiven Aspekte zu konzentrieren, die eine Veränderung mit sich bringen kann. Vielleicht eröffnet dir der Umzug in eine neue Stadt die Möglichkeit, neue Freundschaften zu schließen, oder der Jobwechsel bietet dir endlich die Chance, deine beruflichen Träume zu verwirklichen.

Ein Lächeln ist die kürzeste Verbindung zwischen zwei Menschen – und auch zwischen dir und deiner neuen Situation. Versuche, die positiven Aspekte der Veränderung zu sehen und dich auf die Chancen zu konzentrieren, die sie bietet. Notiere dir zum Beispiel jeden Tag drei Dinge, für die du dankbar bist. Es könnten kleine Dinge sein, wie ein nettes Gespräch mit einer Kollegin oder die Sonne, die nach einem regnerischen Tag herauskommt. Diese kleinen Freuden können dir helfen, die Veränderung aus einer optimistischen Perspektive zu betrachten und deine Stimmung aufzuhellen.

2. Entwickle Resilienz

Resilienz ist wie ein gutes Paar Wanderschuhe – sie hilft dir, auch auf steinigem Terrain voranzukommen. Diese Fähigkeit, sich von Rückschlägen zu erholen, kann jeder von uns entwickeln, indem wir uns selbst erlauben, Fehler zu machen und aus ihnen zu lernen. Stell dir vor, dein Kind kommt weinend nach Hause, weil es in der Schule eine schlechte Note bekommen hat. Als Elternteil weißt du, dass dies eine von vielen Herausforderungen ist, die im Leben auf uns zukommen. Anstatt sich auf den Misserfolg zu konzentrieren, nutzt du die Gelegenheit, deinem Kind zu zeigen, wie man sich aufrappelt, den Stoff wiederholt und es beim nächsten Mal besser macht.

Genau wie in dieser Situation kannst auch du Herausforderungen als Chancen sehen, um zu wachsen. Vielleicht gibt es Tage, an denen alles schiefzugehen scheint – das Auto springt nicht an, die Kinder streiten sich und der Arbeitstag war alles andere als produktiv. In solchen Momenten hilft es, innezuhalten und sich daran zu erinnern, dass auch diese Tage vorübergehen. Praktiken wie Achtsamkeit und Meditation können dir helfen, in schwierigen Zeiten ruhig zu bleiben und den Fokus wiederzufinden. Es ist, als würdest du dich auf eine Bank an einem See setzen und beobachten, wie die Wellen kommen und gehen – eine beruhigende Erinnerung daran, dass auch die Herausforderungen des Lebens vorüberziehen.

Resilienz bedeutet auch, sich nicht von Rückschlägen entmutigen zu lassen. Jeder von uns stolpert ab und zu, und das ist völlig in Ordnung. Der entscheidende Punkt ist, wie wir uns nach einem Fall wieder aufrichten. Manchmal kann es helfen, sich daran zu erinnern, wie man in der Vergangenheit ähnliche Situationen gemeistert hat. War es nicht ein unglaublich kraftvolles Gefühl, nach einem harten Tag nach Hause zu kommen und zu wissen, dass du dein Bestes gegeben hast, egal wie die Umstände waren? Diese Erinnerungen können dir die Stärke geben, weiterzumachen und deine Resilienz weiter zu entwickeln.

3. Baue ein Unterstützungsnetzwerk auf

Es gibt kaum etwas Beruhigenderes, als zu wissen, dass man nicht allein ist. Ein starkes Unterstützungsnetzwerk aus Familie, Freunden und Kollegen kann dir helfen, Veränderungen zu bewältigen. Es ist okay, Hilfe zu suchen – sei es ein Gespräch mit einer Freundin bei einem Kaffee oder professionelle Unterstützung durch einen Coach oder Therapeuten. Gemeinsam lässt sich so manche Herausforderung leichter bewältigen. Vielleicht hilft dir auch der Gedanke, dass du selbst für andere eine wichtige Stütze bist, und es völlig in Ordnung ist, wenn du einmal die Hilfe anderer brauchst. Auf das Unterstützungsnetzwerk wird dann ausführlicher nochmal auf ein späteres Kapitel eingegangen.

4. Bleibe flexibel

Flexibilität ist der Schlüssel, um Veränderungen erfolgreich zu meistern. Das Leben ist dabei manchmal wie ein wilder Tanz, bei dem du nicht immer die Schritte kennst. Ab und zu führt dich das Leben in eine Richtung, die du nicht erwartet hast – sei es durch eine berufliche Umstrukturierung, eine plötzliche Krankheit oder sogar die kleinen Alltagsdinge, wie ein unerwarteter Stau auf dem Weg zur Arbeit. In solchen Momenten ist es wichtig, nicht starr an den ursprünglichen Plänen festzuhalten, sondern sich auf das Unvorhersehbare einzulassen.

Denke an den Moment, als du zum ersten Mal Mutter geworden bist. Die Tage verliefen selten nach Plan – von schlaflosen Nächten bis hin zu unerwarteten Windelkatastrophen mitten in der Nacht. Du hast gelernt, flexibel zu sein, die Bedürfnisse deines Kindes zu priorisieren und gleichzeitig Raum für das Unvorhersehbare zu lassen. Genau diese Flexibilität ist es, die dich dazu befähigt hat, kreative Lösungen zu finden und den Alltag zu meistern.

Es gibt Tage, an denen alles schiefzugehen scheint – der Wecker klingelt nicht, das Kind hat eine schlechte Nacht und der Kaffee ist auch noch alle. Solche Situationen fordern deine Fähigkeit heraus, flexibel zu reagieren und dich neu zu orientieren. Vielleicht entdeckst du dabei, dass der Spaziergang zur nächsten Bäckerei für frischen Kaffee auch eine willkommene Gelegenheit ist, eine kleine Auszeit zu nehmen und frische Luft zu schnappen.

Flexibel zu bleiben, bedeutet auch, offen für neue Wege zu sein. Manchmal führen uns Veränderungen auf unbekannte Pfade, die uns zunächst unsicher machen. Doch genau diese neuen Wege können zu unerwarteten Entdeckungen und Chancen führen. Stell dir vor, wie du durch eine unerwartete berufliche Veränderung eine neue Leidenschaft oder ein verborgenes Talent entdeckst. Flexibilität bedeutet, bereit zu sein, diese Chancen zu ergreifen und sich an die neuen Gegebenheiten anzupassen.

5. Lerne aus der Vergangenheit

Schau dir an, wie du in der Vergangenheit mit Veränderungen umgegangen bist. Was hat gut funktioniert? Welche Strategien waren weniger erfolgreich? Erinnerst du dich an den Umzug in die neue Stadt, der zuerst wie ein Abenteuer ohne Landkarte schien, aber letztendlich zu neuen Freundschaften und Erlebnissen führte? Indem du aus vergangenen Erfahrungen lernst, kannst du besser vorbereitet in die Zukunft gehen. Nutze diese Erkenntnisse, um dir klarzumachen, dass du schon viele Veränderungen erfolgreich bewältigt hast und es auch diesmal schaffen wirst. Mit diesem Thema beschäftigen wir uns in einem späteren Kapitel noch einmal.

6. Visualisiere den Erfolg

Stell dir vor, wie dein Leben aussehen wird, nachdem du die Veränderung erfolgreich gemeistert hast. Visualisierung kann eine kraftvolle Methode sein, um Motivation und Zuversicht zu stärken. Male dir aus, wie du dich fühlen wirst, wenn du dein Ziel erreicht hast – sei es die Freude über den Abschluss eines Projekts oder das Gefühl der Freiheit nach einem großen Schritt. Diese mentale Übung hilft dir, ein klares Bild vor Augen zu haben und motiviert dich, dran zu bleiben, selbst wenn der Weg dorthin schwer ist.

Veränderungen sind nie einfach, aber sie bieten immer die Möglichkeit, etwas Neues zu lernen und zu wachsen. Sieh sie als potentiellen Weg an – vielleicht nicht immer das, was du geplant hast, aber einer, der dich weiterbringen wird. Mit einer positiven Einstellung, Flexibilität und der Unterstützung deiner Lieben kannst du jede Veränderung meistern und stärker daraus hervorgehen.

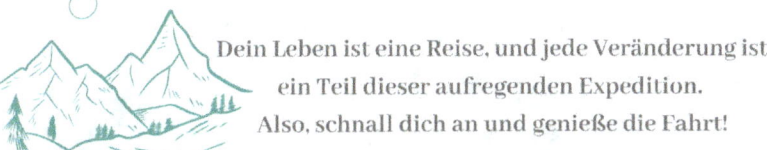

Dein Leben ist eine Reise, und jede Veränderung ist ein Teil dieser aufregenden Expedition. Also, schnall dich an und genieße die Fahrt!

Kapitel 2:
DINGE, DIE DU NICHT LÄNGER TUN SOLLTEST, WENN DU GLÜCKLICH LEBEN WILLST

1. Identifikation von belastenden Gewohnheiten

1. Identifikation von belastenden Gewohnheiten

1.1 Negative Gewohnheiten erkennen

Das Erkennen negativer Gewohnheiten ist der erste Schritt, um dein Leben positiver und erfüllter zu gestalten. Diese Gewohnheiten sind oft tief in unserem Alltag verwurzelt und können unbemerkt bleiben, da sie zur Routine geworden sind. Doch sie haben einen erheblichen Einfluss auf dein Wohlbefinden, deine Produktivität und deine Beziehungen. Es gibt dabei mehrere Möglichkeiten, negative Gewohnheiten zu erkennen. In diesem Beitrag werden dir einige davon aufgezeigt.

Als erste Möglichkeit, negative Gewohnheiten zu erkennen gibt es die Selbstbeobachtung, Das ist eine kraftvolle Methode, um dir deiner Verhaltensmuster bewusst zu werden. Stell dir vor, du sitzt in einem gemütlichen Café und beobachtest die Menschen um dich herum. Genauso kannst du auch dich selbst beobachten – ohne Bewertung, einfach nur mit Interesse. Achtsamkeit bedeutet, im gegenwärtigen Moment zu leben und deine Gedanken und Handlungen wahrzunehmen. Nimm dir bewusst Zeit, um dein Verhalten in verschiedenen Situationen zu reflektieren. Hast du vielleicht die Angewohnheit, in stressigen Momenten sofort zum Schokoriegel zu greifen? Oder bemerkst du, dass du abends endlos durch soziale Medien scrollst, anstatt ins Bett zu gehen?

Schreibe dir auch täglich auf, was du tust, wie du dich fühlst und welche Gedanken dir durch den Kopf gehen. Besonders wertvoll ist es, die Momente zu notieren, in denen du dich gestresst, ängstlich oder unzufrieden fühlst. Diese Einträge können dir helfen, Muster zu erkennen und herauszufinden, welche Gewohnheiten deinem Wohlbefinden schaden. Vielleicht entdeckst du dabei, dass bestimmte Situationen, wie das Lesen einer E-Mail eines bestimmten Kollegen, immer wieder Stress auslösen.

Oft sind wir blind für unsere eigenen Verhaltensweisen. Da kann es sehr erhellend sein, Feedback von Menschen zu bekommen, die uns gut kennen. Freunde, Familie oder Kollegen können dir wertvolle Einsichten geben, die du selbst vielleicht übersehen hast. Frag sie, ob sie bestimmte Verhaltensweisen bemerkt haben, die deiner Meinung nach negativ sein könnten. Es ist wie bei einem Friseurbesuch – manchmal braucht man jemanden, der einem den Spiegel hält, um zu sehen, was man selbst nicht bemerkt. Sei dabei auch offen für konstruktive Kritik und nutze diese Rückmeldungen als Gelegenheit zur Verbesserung. Vielleicht sagt dir ein Freund, dass du oft zu negativ über dich selbst sprichst, ohne es zu merken. Diese Erkenntnis kann der erste Schritt sein, um bewusst daran zu arbeiten, positivere Selbstgespräche zu führen.

Es gibt einige negative Gewohnheiten, die viele Menschen teilen. Indem du diese erkennst, kannst du feststellen, ob sie auch in deinem Leben eine Rolle spielen. Prokrastination, also das ständige Aufschieben von Aufgaben, kann zu Stress und schlechter Leistung führen. Vielleicht kennst du das: Du willst eine Präsentation vorbereiten, findest dich aber stattdessen stundenlang auf YouTube wieder, um „nur noch ein Video" anzusehen. Übermäßiger Medienkonsum ist eine weitere häufige Gewohnheit. Zu viel Zeit vor dem Fernseher oder auf sozialen Medien kann deine Produktivität und dein Wohlbefinden beeinträchtigen. Hast du schon einmal bemerkt, wie schnell ein «kurzer Blick» auf Instagram in einer stundenlangen Scroll-Session enden kann? Ungesunde Ernährung und schlechte Schlafgewohnheiten sind ebenfalls weit verbreitet. Vielleicht greifst du an schwierigen Tagen öfter zu Fast Food, oder du bleibst bis spät in die Nacht wach, nur um eine Serie zu beenden. Diese Gewohnheiten können langfristig deine Gesundheit beeinträchtigen.

Um negative Gewohnheiten wirklich zu verstehen, ist es wichtig, ihre Auslöser und Konsequenzen zu analysieren. Was löst diese Gewohnheiten aus? Sind es bestimmte Gefühle, wie Langeweile oder Frustration? Oder vielleicht spezielle Situationen, wie das Abendessen allein zu Hause? Nimm dir Zeit, um zu reflektieren, wann und warum du bestimmte Gewohnheiten ausführst. Vielleicht erkennst du, dass du jedes Mal, wenn du dich gestresst fühlst, nach etwas suchst, was diesen Stress kurzfristig lindern soll wie zum Beispiel das Rauchen. Auch die Konsequenzen dieser Gewohnheiten sind wichtig. Wie fühlst du dich danach? Was sind die kurzfristigen und langfristigen Auswirkungen auf dein Leben? Vielleicht fühlst du dich nach dem dritten Stück Kuchen kurzfristig besser, langfristig, aber unzufrieden mit deiner Ernährung.

Negative Gewohnheiten sind oft Teil eines größeren Verhaltensmusters. Stress am Arbeitsplatz kann dazu führen, dass du abends zu viel konsumierst oder Alkohol trinkst, um abzuschalten. Indem du das Gesamtbild betrachtest, kannst du effektive Strategien entwickeln, um diese Muster zu durchbrechen. Vielleicht stellst du fest, dass du dazu neigst, dich zu überarbeiten, was zu Schlafmangel und dann zu ungesunden Essgewohnheiten führt. Das wäre so, als würdest du an einem Faden ziehen und plötzlich entwirrt sich ein ganzes Netz von Verhaltensweisen, das dich bisher unbewusst gesteuert hat. Dieses Bewusstsein ist der erste Schritt, um Veränderungen vorzunehmen. Du kannst beginnen, neue, positive Gewohnheiten zu entwickeln, die dich unterstützen und dein Leben bereichern.

1.2 Wege, um schädliche Muster zu durchbrechen: 5 effektive Methoden.

Schädliche Gewohnheiten sind wie kleine freche Kobolde, die sich heimlich in unseren Alltag schleichen und dort ihr Unwesen treiben. Aber keine Sorge, mit ein paar gezielten Maßnahmen können wir sie zähmen und durch positive Alternativen ersetzen. Hier sind fünf alltagstaugliche Tipps, die dir helfen können, diese zu erkennen und zu vertreiben.

1. Positive Ersatzgewohnheiten entwickeln

Man kennt das: Du hast den Drang, abends auf der Couch eine Tüte Chips zu inhalieren. Stattdessen könntest du eine knackige Gemüseplatte mit einem leckeren Dip vorbereiten. Das Knabbern bleibt, aber dein Körper wird dir für die gesündere Wahl danken. Oder wenn du den Stress des Tages normalerweise mit einer Zigarette abschüttelst, versuche es stattdessen mit einem kurzen Spaziergang um den Block oder ein paar Yoga-Übungen. Diese neuen Rituale geben dir nicht nur ein besseres Gefühl, sondern tragen auch zu deinem Wohlbefinden bei.

Ein weiteres Beispiel: Wenn du oft zum Handy greifst, um in sozialen Medien zu scrollen, versuche, stattdessen ein spannendes Buch zur Hand zu nehmen. Es gibt nichts Schöneres, als sich in eine fesselnde Geschichte zu vertiefen und dabei die Realität für eine Weile zu vergessen. Diese positiven Ersatzgewohnheiten helfen dir, das Bedürfnis zu befriedigen, das deine alte, schädliche Gewohnheit ursprünglich ausgelöst hat, auf eine gesündere Weise.

2. Nutze Techniken der Verhaltenstherapie

Manchmal steckt der Teufel im Detail, oder besser gesagt, in unseren Gedanken. Hast du zum Beispiel die Angewohnheit, dich selbst für kleine Fehler zu zerfleischen? Hier kommt die kognitive Umstrukturierung ins Spiel. Anstatt dir zu sagen: „Ich bin so schusselig, ich kriege nichts auf die Reihe," könntest du dir vor Augen führen: „Fehler sind menschlich, und jeder Fehler ist eine Chance, etwas zu lernen." Es ist wie das berühmte Sprichwort: „Nobody's perfect."

Und wenn du vor bestimmten Situationen wie einem wichtigen Gespräch oder einer Präsentation Angst hast, kann die Expositionstherapie helfen. Das bedeutet, du setzt dich bewusst diesen Situationen aus, aber in kleinen, kontrollierbaren Dosen. Stell dir vor, du übst, vor einem Spiegel zu sprechen, oder du hältst eine Rede vor Freunden, bevor du dich einer größeren Gruppe stellst. So baust du Schritt für Schritt Selbstvertrauen auf und reduzierst deine Ängste.

3. Achtsamkeit praktizieren

Achtsamkeit ist wie eine kleine Pause-Taste in deinem hektischen Alltag. Nimm dir morgens beim ersten Kaffee ein paar Minuten Zeit, um bewusst durchzuatmen und den Tag zu begrüßen. Oder wie wäre es mit einer kurzen Meditation, bevor die Kinder aus dem Bett stürmen? Diese Momente der Ruhe helfen dir, deine Gedanken zu sortieren und bewusster mit deinen Gefühlen umzugehen. Wenn du zum Beispiel merkst, dass du aus Langeweile zum Kühlschrank gehst, kannst du innehalten und überlegen, ob du wirklich Hunger hast oder nur nach einer Beschäftigung suchst.

Ein besonders schönes Ritual könnte auch sein, abends vor dem Schlafengehen eine kleine Dankbarkeitsübung zu machen. Notiere dir drei Dinge, für die du an diesem Tag dankbar bist. Das kann so einfach sein wie das Lächeln eines Fremden oder ein guter Witz, den dein Partner gemacht hat. Solche positiven Gedanken helfen, den Tag friedlich abzuschließen und besser zu schlafen.

4. Viel Geduld üben

Rom wurde nicht an einem Tag erbaut, und auch neue Gewohnheiten brauchen Zeit, um sich zu etablieren. Mal angenommen, du hast vor abends eine halbe Stunde zu lesen, anstatt fernzusehen. Am Anfang ist es vielleicht schwierig, die Fernbedienung aus der Hand zu legen, besonders nach einem anstrengenden Tag. Aber jeder kleine Schritt zählt. Vielleicht gelingt es dir nicht jeden Abend, aber das ist okay. Wichtig ist, dass du immer wieder aufstehst und es erneut versuchst. Denke daran, dass es Wochen oder sogar Monate dauern kann, bis sich eine neue Gewohnheit fest in deinem Leben verankert hat.

5. Reflektiere und passe deine Strategien an

Regelmäßige Reflexion ist wie ein kleiner Check-up für deine Gewohnheiten. Eventuell hast du dir vorgenommen, weniger Zucker zu konsumieren, und stellst fest, dass es dir schwerfällt, auf Süßigkeiten zu verzichten, wenn du gestresst bist. In solchen Momenten ist es hilfreich, einen Schritt zurückzutreten und zu überlegen: Was hat bisher gut funktioniert und was nicht? Möglicherweise findest du, dass ein gesundes Snack-Glas auf deinem Schreibtisch eine bessere Wahl ist als die Keksdose in der Küche. Flexibilität und die Bereitschaft, kontinuierlich zu lernen und zu wachsen, sind gute Attribute, um langfristige Veränderungen zu erreichen.

Das Durchbrechen schädlicher Muster ist wie eine Reise auf einem etwas holprigen Weg, der aber zu wunderschönen Aussichten führt. Es erfordert Geduld, Achtsamkeit und die Bereitschaft, neue Wege zu gehen. Doch mit jedem kleinen Erfolg kommst du deinem Ziel näher: einem Leben voller gesunder, positiver Gewohnheiten. Denke daran, dass jeder Tag eine neue Gelegenheit bietet, alte Muster zu durchbrechen und neue, positive Rituale zu etablieren. Du bist der Regisseur deines Lebens, und du hast die Macht, die Geschichte zu schreiben, die du leben möchtest.

2. Lernen, sich von negativen Einflüssen zu trennen

2.1 Den Einfluss von toxischen Beziehungen verstehen

Toxische Beziehungen haben tiefgreifende negative Auswirkungen auf dein emotionales und körperliches Wohlbefinden. Solche Beziehungen zeichnen sich durch Verhaltensmuster aus, die dich mental und emotional erschöpfen, dein Selbstwertgefühl untergraben und dein allgemeines Glück beeinträchtigen. Das Verstehen des Einflusses toxischer Beziehungen ist der erste Schritt, um dich von diesen negativen Einflüssen zu trennen und ein gesünderes, erfüllteres Leben zu führen.

Solche Beziehungen sind gekennzeichnet durch wiederholte Muster von negativem Verhalten und Interaktionen, die einer oder beiden Parteien schaden. Diese Beziehungen können in verschiedenen Formen auftreten, sei es in romantischen Partnerschaften, Freundschaften, familiären Beziehungen oder beruflichen Verhältnissen. Typische Merkmale toxischer Beziehungen sind emotionale Manipulation, Kontrolle, Missbrauch, ständige Kritik, Mangel an Unterstützung und fehlender Respekt.

Typische Anzeichen einer toxischen Beziehung

Um den Einfluss toxischer Beziehungen zu erkennen, ist es wichtig, auf bestimmte Anzeichen und Verhaltensweisen zu achten. Hier sind einige häufige Indikatoren:

- **Kontrolle und Manipulation**: Ein Partner versucht, dein Verhalten, deine Entscheidungen oder deine sozialen Kontakte zu kontrollieren. Manipulative Taktiken können dazu führen, dass du dich schuldig oder ängstlich fühlst, wenn du ihren Wünschen nicht nachkommst.
- **Emotionale Misshandlung**: Dies kann in Form von verbalen Beleidigungen, Erniedrigungen, Schuldzuweisungen und Gaslighting auftreten. Gaslighting ist eine Form der psychologischen Manipulation, bei der der Täter versucht, das Opfer an seiner Wahrnehmung der Realität zweifeln zu lassen.
- **Mangel an Unterstützung**: In einer gesunden Beziehung unterstützen sich beide Partner gegenseitig in ihren Zielen und Bestrebungen. In einer toxischen Beziehung fehlt diese Unterstützung oft, und dein Partner kann deine Ambitionen untergraben oder herabsetzen.
- **Isolation**: Toxische Partner können versuchen, dich von Freunden und Familie zu isolieren, um ihre Kontrolle zu verstärken und dich von Unterstützungssystemen abzuschneiden.
- **Ständige Konflikte und Drama**: Toxische Beziehungen sind oft von häufigen, intensiven Konflikten geprägt, die selten zu einer Lösung führen. Diese ständige Spannung kann emotional erschöpfend sein.

Beispiele toxischer Handlungen in Beziehungen

Um den Einfluss toxischer Beziehungen besser zu verstehen sind hier einige Beispiele dazu:

- **Kontrollverhalten**: Dein Partner entscheidet, mit wem du dich treffen darfst, was du anziehen sollst oder wie du deine Zeit verbringst. Diese Kontrolle kann subtil beginnen, indem dein Partner scheinbar besorgt um deine Sicherheit oder dein Wohlbefinden ist, aber im Laufe der Zeit zunehmend einschränkend und manipulativ wird.
- **Gaslighting**: Dein Partner bestreitet oder verdreht Ereignisse, sodass du an deinem Gedächtnis und deiner Wahrnehmung zweifelst. Ein Beispiel hierfür könnte sein, dass dein Partner sagt: „Das

habe ich nie gesagt" oder „Du bist viel zu empfindlich", obwohl du sicher bist, dass die Ereignisse anders waren.

- **Emotionaler Missbrauch**: Dein Partner macht abwertende Kommentare über dein Aussehen, deine Intelligenz oder deine Fähigkeiten. Solche Kommentare können dein Selbstwertgefühl nachhaltig schädigen und dich unsicher und wertlos fühlen lassen.
- **Eifersucht und Besitzansprüche**: Dein Partner wird extrem eifersüchtig und beschuldigt dich grundlos des Fremdgehens oder der Untreue. Dieses Verhalten kann dazu führen, dass du dich eingeschränkt und ständig überwacht fühlst.

Die Auswirkungen solcher Beziehungen sind weitreichend und können sowohl deine psychische als auch deine physische Gesundheit beeinträchtigen. Die Auswirkungen davon sind sehr vielfältig:

- **Niedriges Selbstwertgefühl**: Ständige Kritik und emotionale Misshandlung beeinträchtigen dein Selbstwertgefühl erheblich. Du beginnst, an dir selbst zu zweifeln und dich weniger wertvoll zu fühlen.
- **Angst und Depression**: Die ständige emotionale Belastung und die Konflikte in toxischen Beziehungen können zu Angststörungen und Depressionen führen. Du könntest dich ständig gestresst, ängstlich oder hoffnungslos fühlen.
- **Körperliche Gesundheitsprobleme**: Emotionaler Stress kann sich in körperlichen Symptomen manifestieren, wie Kopfschmerzen, Magenbeschwerden, Schlaflosigkeit und allgemeiner Erschöpfung. Langfristig kann chronischer Stress dein Immunsystem schwächen und das Risiko für ernsthafte gesundheitliche Probleme erhöhen.
- **Soziale Isolation**: Wenn du von einem toxischen Partner isoliert wirst, verlierst du den Kontakt zu Freunden und Familie, was deine Einsamkeit und dein Gefühl der Hilflosigkeit verstärken kann.

Indem du die Dynamiken toxischer Beziehungen verstehst und gezielte Schritte unternimmst, um dich von diesen negativen Einflüssen zu befreien, kannst du ein gesünderes, erfüllteres Leben führen. Es ist ein Prozess, der Zeit und Geduld erfordert, aber der Weg zu einem glücklicheren und selbstbestimmten Leben ist es wert.

2.2 Methoden zur Distanzierung von negativen Einflüssen

Manchmal haben wir das Gefühl, als wären negative Einflüsse wie lästige Mücken, die um unseren Kopf schwirren. Sie sind zwar klein, können aber unglaublich nerven und uns aus dem Gleichgewicht bringen. Um diese loszuwerden, gibt es einige unkonventionelle, aber wirksame Methoden, die dir helfen können, deinen eigenen Raum zu schützen und deine Energie zu bewahren.

1. Digital Detox – Der Medienfastentag

Die ständige Flut von Nachrichten, Social-Media-Posts und digitalen Benachrichtigungen kann wie eine endlose Geräuschkulisse wirken, die uns innerlich unruhig macht. Eine ungewöhnliche, aber unglaublich effektive Methode, sich von negativen Einflüssen zu distanzieren, ist der *Medienfastentag*. Einmal in der Woche einfach mal alle digitalen Geräte ausschalten. Keine E-Mails, keine Nachrichten und keine sozialen Medien – ein Tag nur für dich.

An diesem Tag kannst du dich auf Aktivitäten konzentrieren, die du sonst vielleicht vernachlässigst. Wie wäre es, wieder einmal das Lieblingsbuch aus dem Regal zu holen, das schon Staub angesetzt hat? Oder einen Spaziergang im Park zu machen und einfach die Natur zu genießen? Vielleicht entdeckst du auch das Vergnügen an vergessene Hobbys wieder. Ohne die ständige Ablenkung durch digitale Medien kannst du dich besser auf deine Gedanken und Gefühle konzentrieren und eine tiefere Verbindung zu dir selbst aufbauen.

2. Das „Nein"-Experiment

Eine der schwersten Übungen für viele von uns ist es, einfach mal „Nein" zu sagen. Wir wollen niemanden enttäuschen und nehmen oft mehr an, als wir bewältigen können. Aber genau hier liegt die Kraft des *„Nein"-Experiments*. Eine Woche lang übst du, zu unwichtigen oder belastenden Anfragen Nein zu sagen. Das bedeutet nicht, dass du unhöflich sein sollst, sondern dass du deine eigenen Bedürfnisse und Grenzen respektierst.

Stell dir vor, deine Kollegin fragt dich zum dritten Mal in dieser Woche, ob du ihre Schicht übernehmen kannst. Normalerweise würdest du nachgeben, um Konflikte zu vermeiden. Doch im Rahmen des „Nein"-Experiments erlaubst du dir, freundlich abzulehnen und deine Gründe klar zu kommunizieren. Wie das funktioniert und was noch alles zum „Nein sagen lernen" dazugehört, erfährst du in einem späteren Kapitel.

3. Die „Guten-Morgen-Party"

Der Tag beginnt oft hektisch: Kinder fertig machen, Frühstück organisieren und vielleicht noch schnell E-Mails checken. Warum nicht mal mit einer *„Guten-Morgen-Party"* in den Tag starten? Das klingt vielleicht ungewöhnlich, aber diese Methode kann Wunder wirken, um negative Gedanken und Gefühle schon am Morgen loszuwerden.

Beginne deinen Tag mit einer kleinen Feier nur für dich. Zieh dein Lieblingsoutfit an, auch wenn du nur zu Hause bist, und dreh deine Lieblingsmusik auf. Während du dich fertig machst, tanze durch die Wohnung und singe laut mit. Das mag albern klingen, aber es hebt sofort die Stimmung und gibt dir eine positive Energie für den restlichen Tag. Wenn du Kinder hast, lass sie ruhig mitmachen – sie werden es lieben, und es wird zu einem gemeinsamen Ritual, dass den Tag fröhlich beginnen lässt. Ein bisschen Tanzen und Singen kann negative Gedanken vertreiben und dir helfen, mit einem Lächeln in den Tag zu starten.

Diese Methoden mögen auf den ersten Blick ungewöhnlich erscheinen, aber genau das macht sie so wirkungsvoll. Sie brechen mit den Konventionen und schaffen neue, positive Rituale, die dir helfen, negative Einflüsse loszulassen.

> Manchmal sind es gerade die unkonventionellen Ansätze, die die größte Wirkung haben.

Kapitel 3:

DIE BEDEUTUNG VON AUTONOMIE UND SELBSTBESTIMMUNG

1. Selbstbestimmtes Handeln und Entscheiden

1. Selbstbestimmtes Handeln und Entscheiden

1.1 Was bedeutet Autonomie für dich?

Autonomie: Ein Wort, das auf den ersten Blick vielleicht ein wenig sperrig klingt, aber eine so wichtige Rolle in unserem Leben spielt, dass es sich lohnt, darüber nachzudenken. Es bedeutet im Grunde, dass du die Fähigkeit und das Recht hast, dein Leben nach deinen eigenen Vorstellungen zu gestalten, Entscheidungen zu treffen und für dich selbst einzustehen. Es geht darum, dein eigener Kapitän zu sein, egal ob es um kleine Alltagsentscheidungen oder große Lebensziele geht. Überleg einmal: Wenn du morgens aufwachst, hast du die Freiheit deinen Tag ganz nach deinen Wünschen zu gestalten. Vielleicht entscheidest du dich, vor der Arbeit eine Runde spazieren zu gehen, statt sofort in die Hektik zu starten. Das ist Autonomie im Alltag. Du bestimmst, wie du deine Zeit nutzt und was dir wichtig ist. Es fühlt sich gut an, wenn du weißt, dass du das Steuer in der Hand hast, oder?

Autonomie zeigt sich aber nicht nur in den kleinen Entscheidungen des Alltags, sondern auch in den großen, lebensverändernden Entscheidungen. Vielleicht überlegst du gerade, ob du einen neuen Job annehmen oder in eine andere Stadt ziehen sollst. Diese Entscheidungen erfordern Mut und das Vertrauen in deine eigenen Fähigkeiten und Wünsche. Sie spiegeln wider, dass du das Leben lebst, das zu dir passt, und nicht einfach nur den Erwartungen anderer folgst. Außerdem bedeutet Autonomie auch, Verantwortung zu übernehmen.

Wenn du dich entscheidest, deinen eigenen Weg zu gehen, trägst du auch die Verantwortung für die Konsequenzen deiner Entscheidungen. Das kann manchmal beängstigend sein, aber es ist auch unglaublich befreiend. Du lernst, auf dich selbst zu vertrauen und aus deinen Erfahrungen zu wachsen. In deinen Beziehungen spielt Autonomie ebenfalls eine wichtige Rolle. Eine gesunde Partnerschaft basiert auf einem Gleichgewicht zwischen Nähe und Unabhängigkeit. Es ist wichtig, dass du deine eigenen Interessen und Ziele verfolgst, auch wenn dein Partner sie nicht teilt. Vielleicht liebst du es, abends in Ruhe deinen Interessen nachzugehen, während dein Partner lieber Serien zum Beispiel schaut und das ist vollkommen okay!

Indem du deine eigene Identität bewahrst, stärkst du nicht nur dich selbst, sondern trägst auch zu einer harmonischen Beziehung bei. Beruflich gesehen ist Autonomie ein sehr großer Faktor. Stell dir vor du hast die Freiheit, deine Arbeitszeit flexibel zu gestalten oder im Homeoffice zu arbeiten. Diese Selbstbestimmung kann dir nicht nur zu einer besseren Work-Life-Balance verhelfen, sondern auch deine Motivation und Kreativität fördern. Wenn du weißt, dass du die Kontrolle über deine Arbeit hast, kannst du viel produktiver und zufriedener sein.

Natürlich gibt es auch Hindernisse, die dich einschränken können. Gesellschaftliche Normen, kulturelle Erwartungen oder finanzielle Zwänge können es manchmal schwer machen, wirklich selbstbestimmt zu leben. Vielleicht hast du das Gefühl, dass du bestimmten Erwartungen gerecht werden musst, oder dass dir die Mittel fehlen, um deine Träume zu verwirklichen. Aber auch hier gilt: Indem du deine Autonomie anerkennst und Schritt für Schritt daran arbeitest, kannst du ein erfüllteres und selbstbestimmteres Leben führen. Letztendlich geht es bei Autonomie darum, dass du dir selbst die Erlaubnis gibst, dein Leben so zu gestalten, wie es für dich richtig ist. Es ist ein Prozess des Lernens und Wachsens, der dich nicht nur stärker und selbstbewusster macht, sondern dir auch die Freiheit gibt, das Leben zu leben, das du dir wünschst. Und das ist doch das Beste, was du für dich selbst tun kannst, oder?

1.2 Entscheidungsfindung: Deine eigene Stimme finden

Entscheidungen treffen – das klingt erstmal nach etwas, das wir alle ständig tun, ohne groß darüber nachzudenken. Aber wenn wir ehrlich sind, gibt es da diese Entscheidungen, die uns wirklich ins Grübeln bringen. Du kennst das sicher: Soll ich diesem neuen Hobby nachgehen? Ziehe ich in eine andere Wohnung um? Und was mache ich, wenn ich bei all den Ratschlägen von außen meine eigene Stimme kaum noch höre? Genau darum geht es bei der Fähigkeit zur Entscheidungsfindung. Darum, wie du sie nutzen kannst, um dein Leben selbstbestimmt und im Einklang mit deinen Werten zu gestalten.

Mal angenommen du stehst vor der Wahl zwischen zwei Jobs. Der eine bietet mehr Geld, aber auch mehr Stress. Der andere ist vielleicht nicht so lukrativ, aber dafür hast du gute Arbeitszeiten und kannst mehr Zeit mit deiner Familie verbringen. Jetzt kommt der Punkt, an dem du dir die Frage stellen musst: Was ist mir wirklich wichtig? Genau hier beginnt die Entscheidungsfindung.

Entscheidungen zu treffen, die wirklich zu dir passen, ist gar nicht so leicht, wenn da diese Flut an Erwartungen von außen ist. Die Eltern meinen, du solltest das sichere Gehalt wählen, deine Freunde raten dir zur Flexibilität, und irgendwo dazwischen versuchst du, deine eigene Stimme zu finden. Und genau das ist der Kern der Autonomie: Entscheidungen treffen, die authentisch und in Einklang mit deinen eigenen Werten und Zielen stehen. Das gibt dir ein Gefühl von Selbstwirksamkeit und Zufriedenheit.

Es gibt viele Modelle, die erklären, wie Menschen Entscheidungen treffen. Ein Klassiker ist das Rational-Choice-Modell. Das klingt erstmal nach einem vernünftigen Ansatz: Du sammelst alle Infos, die du kriegen kannst, wiegst die Vor- und Nachteile ab und triffst dann die beste Entscheidung.

Aber wer hat schon immer die Zeit und den Überblick, um wirklich alles durchzudenken? Da kommt das Modell der „begrenzten Rationalität" von Herbert Simon ins Spiel. Es erkennt an, dass wir oft einfach die erste Lösung nehmen, die uns gut genug erscheint, anstatt die perfekte Entscheidung zu suchen. Das nennt sich „Satisficing", also eine Entscheidung, die zufriedenstellend ist, aber nicht unbedingt optimal.

Dann gibt's auch noch deine Intuition – dieses Bauchgefühl, das dir manchmal einfach sagt, was zu tun ist, ohne dass du groß darüber nachdenken musst. Vielleicht hast du mal eine Entscheidung ganz spontan getroffen und später gemerkt: Das war genau richtig! Intuitive Entscheidungen basieren auf deinen Erfahrungen und unbewussten Denkmustern. Sie sind besonders dann nützlich, wenn es schnell gehen muss und du keine Zeit hast, alles in Ruhe zu analysieren.

Doch so schön das alles klingt, es gibt auch Hindernisse. Kennst du das, wenn du nur die Informationen wahrnimmst, die deine bestehenden Überzeugungen bestätigen? Das nennt sich „Bestätigungsfehler". Oder wenn du dich auf das verlässt, was dir am prägnantesten im Gedächtnis bleibt, und das Ganze dadurch verzerrt wird? Willkommen beim „Verfügbarkeitsfehler"! Solche kognitiven Verzerrungen können dazu führen, dass wir suboptimale Entscheidungen treffen. Dazu kommen noch die ganzen Emotionen, die uns manchmal einen Strich durch die Rechnung machen. Angst vor Fehlern oder die Sorge, was andere denken, können den Entscheidungsprozess ganz schön verkomplizieren.

Wie also kannst du bessere Entscheidungen treffen? Eine gute Methode ist die Selbstreflexion. Frag dich regelmäßig: Was ist mir wirklich wichtig? Was will ich im Leben erreichen? Je klarer du deine eigenen Werte und Ziele kennst, desto leichter wird es, Entscheidungen zu treffen, die zu dir passen.

Es kann auch helfen, eine einfache Pros- und Kontra-Liste zu erstellen. Manchmal macht es einfach Klick, wenn du die Vor- und Nachteile schwarz auf weiß vor dir siehst. Oder wie würde dein Leben aussehen, wenn du dich für die eine oder die andere Option entscheidest. Wie fühlst du dich dabei? Du kannst dir verschiedene Szenarien ausmalen, um damit zu einer Entscheidung zu kommen.

Und wenn es mal richtig kompliziert wird kannst du auch eine Entscheidungsmatrix verwenden. Das klingt jetzt vielleicht kompliziert, aber es ist eigentlich ganz simpel: Du schreibst die wichtigsten Kriterien auf, die deine Entscheidung beeinflussen, und bewertest jede Option danach. Am Ende kannst du die Werte zusammenrechnen und schauen, welche Option am besten abschneidet.

Egal, welche Methode du wählst, das Wichtigste ist, dass du dir vertraust und Entscheidungen triffst, die dich und deine Bedürfnisse in den Mittelpunkt stellen. Es geht nicht darum, immer die perfekte Entscheidung zu treffen, sondern darum, Entscheidungen zu treffen, die dich glücklich und zufrieden machen, was letztlich der Kern der Autonomie ist.

Manchmal fühlt es sich an, als ob das Leben uns eine Reihe von Entscheidungen auf den Tisch legt, bei denen wir einfach nicht alle Karten sehen können. Kritische Entscheidungen unter Unsicherheit, das klingt schon fast wie eine Episode einer spannenden Serie, nicht wahr? Aber im wirklichen Leben kann das ziemlich nervenaufreibend sein. Du weißt nicht genau, was passieren wird, aber trotzdem musst du handeln. Das ist der Moment, in dem du risikobewusst und flexibel bleiben musst, wie ein Seiltänzer, der geschickt über ein dünnes Seil balanciert, ohne den Blick vom Ziel zu verlieren.

Es kann wirklich hilfreich sein, Notfallpläne zu haben. Als Beispiel hierfür planst du ein Picknick ein, jedoch ist der Wetterbericht unzuverlässig. Es könnte sonnig oder regnerisch werden. Anstatt das Picknick abzusagen, bereitest du einfach einen Plan B vor, bei dem du die Decke drinnen ausbreitest. So ähnlich ist es auch bei Entscheidungen im Leben. Wenn du dich auf verschiedene Möglichkeiten vorbereitest, kannst du entspannt bleiben, egal was kommt. Autonome Entscheidungen zu treffen, bedeutet, das Steuer deines Lebens selbst in der Hand zu halten. So als würdest du dein eigenes Schiff durch die Wellen steuern und dabei nicht nur dem Wind, sondern auch deiner inneren Kompassnadel folgen. Selbstbestimmung ist ein großes Wort, aber eigentlich bedeutet es, dass du das Leben so gestaltest, wie es für dich am besten passt. Du setzt deine eigenen Ziele, folgst deinen eigenen

Wünschen und weißt, dass du am Ende des Tages derjenige bist, der dafür sorgt, dass du glücklich und erfüllt bist. Natürlich gibt es dabei Hindernisse, wer hat schon immer freie Fahrt ohne Gegenwind? Externe Einflüsse und soziale Erwartungen können wie ein störendes Rauschen im Hintergrund sein. Du kennst das sicher: „Warum machst du nicht dies?" oder „Du solltest doch besser das tun!".

Manchmal ist es nötig, Kompromisse einzugehen, aber denk daran, dass deine eigene Zufriedenheit nicht auf der Strecke bleiben sollte. Wenn du zum Beispiel einen Kuchen backst, klar du könntest den Rat von Freunden befolgen und die Rezeptur ändern. Aber am Ende weißt nur du, wie du ihn am liebsten magst. Entscheidungen zu treffen ist wie das Backen dieses Kuchens: Es erfordert ein bisschen Experimentieren, Anpassen und immer wieder Überprüfen. Hat es geschmeckt? War der Teig zu süß? Was kannst du beim nächsten Mal besser machen? Indem du dir regelmäßig Zeit nimmst, deine Entscheidungen zu reflektieren, lernst du, was gut funktioniert hat und was du vielleicht anders angehen möchtest. Und genau diese Reflexion hilft dir, immer besser zu werden im Treffen von Entscheidungen, die wirklich zu dir passen.

2. Die psychologischen Grundlagen der Autonomie

2.1 Die Rolle der Selbstwirksamkeit

Selbstwirksamkeit – das klingt erstmal wie ein Begriff aus einem Psychologiebuch, oder? Aber keine Sorge, hinter diesem Wort steckt etwas, das uns alle betrifft und unser Leben auf ganz unterschiedliche Weise beeinflusst. Es geht dabei um nichts Geringeres als den Glauben an dich selbst und deine Fähigkeit, die Dinge in deinem Leben zu meistern. Und wer will das nicht?

Was bedeutet Selbstwirksamkeit eigentlich?

Selbstwirksamkeit, ein Konzept, das vom Psychologen Albert Bandura entwickelt wurde, beschreibt den Glauben an die eigene Fähigkeit, Herausforderungen zu bewältigen und Aufgaben erfolgreich zu erledigen. Du stehst zum Beispiel vor einer schwierigen Aufgabe, sagen wir, du musst eine wichtige Präsentation halten. Dir fällt das Sprechen vor anderen Menschen nicht leicht. Wenn du eine hohe Selbstwirksamkeit besitzt, glaubst du daran, dass du das schaffen kannst. Du weißt, dass du gut vorbereitet bist und dass du die nötigen Fähigkeiten hast, um die Herausforderung zu meistern. Dieser Glaube an dich selbst gibt dir das Vertrauen, das du brauchst, um es durchzuziehen.

Woher kommt dieses Vertrauen?

Bandura hat vier Hauptquellen der Selbstwirksamkeit identifiziert, die uns allen helfen können, dieses Vertrauen zu entwickeln:

1. **Persönliche Erfolge**: Nichts stärkt das Selbstbewusstsein so sehr wie ein Erfolgserlebnis. Erinnerst du dich noch daran, wie gut es sich angefühlt hat, als du das erste Mal alleine Fahrrad gefahren bist? Dieses Gefühl – „Ich kann das!" – bleibt in uns verankert und hilft uns, auch in anderen Situationen an uns zu glauben. Natürlich kann es auch Rückschläge geben, aber wenn du dich an deine Erfolge erinnerst, fällt es dir leichter, weiterzumachen.

2. **Stellvertretende Erfahrungen**: Hast du schon mal jemanden beobachtet, der eine Aufgabe erfolgreich gemeistert hat, und gedacht: „Das könnte ich auch schaffen!"? Genau darum geht es bei den stellvertretenden Erfahrungen. Wenn du siehst, dass andere, besonders Menschen, die dir ähnlich sind, Erfolg haben, stärkt das auch dein Vertrauen in deine eigenen Fähigkeiten. Es zeigt dir dass es möglich ist, auch wenn es auf den ersten Blick schwierig erscheint.

3. **Verbale Überzeugung**: Positive Worte können Wunder wirken. Wenn dir jemand sagt: „Ich weiß, dass du das kannst!", dann stärkt das dein Vertrauen in dich selbst. Diese Ermutigungen können von Freunden, Familie oder Kollegen kommen und sie sind manchmal genau das, was wir brauchen, um über uns hinauszuwachsen.

4. **Physiologische und emotionale Zustände**: Dein Körper und deine Gefühle haben einen großen Einfluss auf dein Selbstvertrauen. Wenn du dich gestresst und ängstlich fühlst, kann das dein Selbstwirksamkeitsempfinden schwächen. Aber wenn du entspannt und positiv gestimmt bist, fällt es dir viel leichter, an deine Fähigkeiten zu glauben. Ein tiefer Atemzug, ein Lächeln, manchmal sind es die kleinen Dinge, die den Unterschied machen.

Warum ist Selbstwirksamkeit so wichtig?

Ein starkes Gefühl der Selbstwirksamkeit hat eine direkte Auswirkung auf deine Motivation. Wenn du glaubst, dass du etwas schaffen kannst, bist du viel eher bereit, es auch anzupacken. Du traust dich an schwierige Aufgaben heran und gibst nicht so schnell auf, selbst wenn es mal hart wird. Das hat natürlich auch Auswirkungen auf deine Leistung, sei es im Beruf, in der Schule oder im Privatleben. Menschen mit hoher Selbstwirksamkeit setzen sich höhere Ziele und finden bessere Wege, diese zu erreichen.

Nehmen wir mal das Beispiel des Lernens einer neuen Fähigkeit, wie das Spielen eines Musikinstruments. Wenn du daran glaubst, dass du es schaffen kannst, bist du bereit, Zeit und Mühe zu investieren, selbst wenn es am Anfang schwierig ist. Diese Überzeugung treibt dich an, weiterzumachen, und bevor du es weißt, spielst du deine ersten Lieder.

Selbstwirksamkeit und Wohlbefinden

Selbstwirksamkeit ist nicht nur gut für deine Leistung, sondern auch für dein psychisches Wohlbefinden. Wenn du an dich selbst glaubst, fühlst du dich kompetenter und weniger hilflos, selbst in stressigen Situationen. Du bist besser in der Lage, Rückschläge zu verkraften und sie als vorübergehende Herausforderungen zu sehen, die du überwinden kannst. Diese Resilienz, also die Fähigkeit, nach Schwierigkeiten wieder aufzustehen, trägt maßgeblich zu deinem allgemeinen Wohlbefinden und deiner Zufriedenheit im Leben bei.

Wie kannst du deine Selbstwirksamkeit stärken?

Selbstwirksamkeit entwickelt sich schon in der Kindheit und wird durch viele verschiedene Faktoren beeinflusst. Eltern und Lehrer spielen hier eine große Rolle, indem sie Kindern die Möglichkeit geben, Herausforderungen zu meistern und ihnen positives Feedback geben. Aber auch im Erwachsenenalter kannst du deine Selbstwirksamkeit weiter stärken. Es hilft, dich an deine Erfolge zu erinnern, dich von positiven Vorbildern inspirieren zu lassen, dir selbst gut zuzureden und auf deinen Körper und deine Emotionen zu achten.

Wenn du in einer unterstützenden Umgebung bist – sei es zu Hause, in der Schule oder am Arbeitsplatz – wird es dir leichter fallen, an dich selbst zu glauben. Denn eine Kultur der Unterstützung und des gemeinsamen Wachstums fördert nicht nur deine Selbstwirksamkeit, sondern auch das allgemeine Wohlbefinden der Gemeinschaft.

2.2 Der Stress-Check für deinen Alltag

Stress – dieses kleine Wort, das so harmlos klingt, aber in Wahrheit kann es unser Leben ganz schön durcheinanderwirbeln. Jeder kennt ihn, keiner will ihn, und doch gehört er irgendwie dazu. Aber weißt du eigentlich, wie viel Stress du dir im Alltag zumutest und welche

Auswirkungen das haben kann? Stress kann auf vielfältige Weise auf uns wirken. Er raubt uns den Schlaf, lässt uns ungeduldig werden, oder sorgt dafür, dass wir vor lauter Aufgaben den Überblick verlieren. Langfristig kann er sogar unser Immunsystem schwächen und uns krank machen. Manchmal merken wir gar nicht, wie sehr wir im Stressmodus sind, bis uns jemand darauf hinweist. Deshalb sind hier ein paar Fragen für dich, die als Orientierung dienen, deinen Stresspegel mal genauer unter die Lupe zu nehmen. Keine Sorge, das ist kein Test, den du bestehen musst, es geht vielmehr darum, dir bewusst zu machen, wie sehr Stress dich beeinflussen kann.

1. Hast du das Gefühl, dass du ständig in Eile bist?

Der Tag beginnt, und schon hetzt du von einer Aufgabe zur nächsten. Frühstück wird nebenbei heruntergeschlungen, die Gedanken sind schon beim nächsten Termin, und am liebsten würdest du dir ein paar Extrastunden im Tag wünschen. Kommt dir das bekannt vor? Wenn du öfter das Gefühl hast, dass dir die Zeit davonläuft, könnte das ein Zeichen dafür sein, dass Stress dich fest im Griff hat.

2. Wie oft fühlst du dich am Ende des Tages komplett erschöpft?

Ein langer Arbeitstag, die Kinder haben ihre volle Energie ausgelebt, und am Abend fällst du nur noch müde ins Bett. Aber ist es diese angenehme, zufriedene Müdigkeit, die dich erfüllt, oder fühlst du dich eher ausgelaugt, als hättest du einen Marathon hinter dir? Wenn Erschöpfung zur Regel wird und nicht zur Ausnahme, dann ist das ein Alarmzeichen, dass du dir vielleicht zu viel zumutest.

3. Wie oft sagst du „Ja", obwohl du „Nein" meinst?

Das Treffen mit der Freundin, der Kuchen für das Schulfest, die Überstunden im Job, immer wieder sagst du Ja, obwohl du innerlich das Bedürfnis hast, einfach mal Nein zu sagen. Es fällt dir schwer, anderen etwas abzuschlagen, selbst wenn es zu Lasten deiner eigenen Zeit und Energie geht. Aber Achtung: Dauerhafte Überforderung und das Gefühl, es allen recht machen zu müssen, können deinen Stresspegel ordentlich in die Höhe treiben. In einem späteren Kapitel werden wir näher auf dieses Thema eingehen.

4. Wie oft erwischst du dich dabei, dass du Dinge aufschiebst?

Da liegt die To-do-Liste vor dir, und trotzdem greifst du lieber zum Handy, um durch Instagram zu scrollen, oder machst lieber noch schnell die Wäsche, bevor du dich an die eigentliche Aufgabe setzt.

Klar, ein bisschen Prokrastination kennen wir alle, aber wenn Aufschieben zum Standard wird, ist das oft ein Zeichen dafür, dass dir alles über den Kopf wächst. Dieses Thema wird später nochmal näher beleuchtet.

5. Kommst du oft nicht zur Ruhe, selbst wenn du dir eine Pause gönnst?

Du setzt dich hin, um mal kurz durchzuatmen, aber deine Gedanken rasen weiter. Die nächste Aufgabe, der nächste Termin, dein Kopf lässt dich einfach nicht in Ruhe. Wenn du merkst, dass dir selbst die Pausen keine wirkliche Erholung mehr bringen, dann ist das ein klares Anzeichen dafür, dass dein Stresslevel schon gefährlich hoch ist.

6. Wie oft hast du körperliche Symptome wie Kopfschmerzen, Verspannungen oder Magenprobleme?

Stress macht sich nicht nur im Kopf bemerkbar, er zeigt sich auch körperlich. Wenn du häufiger unter Kopfschmerzen leidest, Verspannungen im Nacken hast oder dein Magen Alarm schlägt könnte das mit deinem Stresslevel zusammenhängen. Unser Körper sendet uns oft Signale, lange bevor wir selbst realisieren, wie angespannt wir sind.

Fazit:

Wenn du dich in einigen dieser Punkte wiedererkennst, dann ist es an der Zeit, einen Schritt zurückzutreten und darüber nachzudenken, wie du deinem Alltag ein bisschen mehr Leichtigkeit verleihen kannst. Erkenne die Anzeichen von Stress, nimm sie ernst und überlege dir, wie du den Stress in deinem Leben reduzieren kannst.

Stress gehört zwar zum Leben dazu, aber er sollte nicht dein ständiger Begleiter sein.

Kapitel 4:
PILATES UND MENTALE GESUNDHEIT

1. Das richtige Mindset kriegen

1. Das richtige Mindset kriegen

1.1 Mental Load: Wie unsichtbare Aufgaben uns belasten

Kennst du das Gefühl, dass dein Kopf ständig überläuft, selbst wenn du äußerlich ruhig bleibst? Dass du gedanklich schon bei der nächsten Aufgabe bist, während du gerade noch die aktuelle erledigst? Dann bist du damit nicht allein. Dieser Begriff beschreibt all die unsichtbaren Aufgaben und Gedanken, die uns oft im Alltag begleiten und unbemerkt belasten. Aber keine Sorge, wir schauen uns an, was genau dahintersteckt, warum es so wichtig ist, darüber zu sprechen, und vor allem, was du dagegen tun kannst. Der Begriff klingt wie etwas, das wir in unseren Computern suchen sollten. Aber weit gefehlt, denn dieses „Laden" passiert in unseren Köpfen. Es handelt sich um die geistige Last, die wir tragen, wenn wir den Überblick über alles behalten müssen: den Familienkalender im Kopf haben, den nächsten Kindergeburtstag planen, die Wäsche im Auge behalten, während gleichzeitig die Einkaufsliste im Kopf abgehakt wird. Es ist der unsichtbare Job, den vor allem Frauen (aber natürlich auch einige Männer) tagtäglich leisten, ohne dafür eine Stellenbeschreibung oder eine Gehaltserhöhung zu bekommen.

Es gibt Studien, die zeigen, dass Frauen oft den Großteil der unsichtbaren, mentalen Arbeit im Haushalt und in der Familie übernehmen. Das bedeutet, dass sie nicht nur die offensichtlichen Aufgaben wie Putzen, Kochen oder Kinderbetreuung erledigen, sondern auch an alles andere denken: Wann muss der Zahnarzttermin für die Kinder ausgemacht werden? Was fehlt noch auf der Einkaufsliste? Welche Kleidung brauchen die Kinder für den nächsten Ausflug? Diese ständige geistige Belastung kann sehr ermüdend sein und führt oft dazu, dass man sich überfordert und erschöpft fühlt, und das nicht ohne Grund. Die Ursachen für Mental Load sind vielfältig und oft gesellschaftlich bedingt. In vielen Familien wird immer noch davon ausgegangen, dass Frauen den Überblick über Haushalt und Familie behalten. Auch wenn Männer immer mehr Aufgaben übernehmen, bleibt die geistige Last häufig bei den Frauen hängen. Das Problem dabei ist, dass diese Art von Arbeit nicht sichtbar ist und oft nicht als solche anerkannt wird, weder von der Gesellschaft noch von einem selbst.

Aber keine Panik! Es gibt Wege, um den Mental Load zu reduzieren und den Kopf wieder freier zu bekommen. Hier ein paar hilfreiche Tipps dazu:

- **Aufgaben delegieren und zwar richtig!**

    Es ist in Ordnung, Aufgaben abzugeben. Und nein, das bedeutet nicht, dass du einfach darum bittest, die Spülmaschine einzuräumen, während du dich trotzdem um die Einkaufsplanung kümmerst. Es bedeutet, dass du ganze Verantwortungsbereiche abgibst. Dein Partner kann den kompletten Einkauf übernehmen, von der Planung bis zum Auspacken – ohne dass du ihm ständig hinterherläufst. Und wenn die Kids alt genug sind, können sie selbst ihre Sachen packen. Es geht darum, wirklich loszulassen.

- **Schreib es auf und mach deinen Mental Load sichtbar**

    Wenn dir der Kopf brummt von all den Aufgaben, schreib sie auf. Mach eine Liste, wo du alles notierst, was dir durch den Kopf geht. Manchmal hilft es schon, die Aufgaben sichtbar zu machen, um sie nicht mehr allein tragen zu müssen. Vielleicht erkennt auch dein Partner so, was wirklich alles ansteht.

- **Kommuniziere klar, vor allem deine Bedürfnisse**

    Sprich offen darüber, was dich belastet. Wenn du das Gefühl hast, dass du ständig an alles denken musst, sag es! Kommunikation ist der Schlüssel. Sag klar, was du brauchst und was du dir wünschst. Hab keine Angst das zu wiederholen, wenn es nötig ist.

- **Schaffe Routinen und nimm dir Pausen**

    Wenn bestimmte Aufgaben immer zur gleichen Zeit erledigt werden, musst du nicht mehr darüber nachdenken. Gönne dir Momente, in denen du einfach nichts tun musst, und sei es nur für ein paar Minuten. Dein Kopf braucht diese Ruhephasen, um durchatmen zu können.

- **Erkenne deinen Wert an**

    Ganz wichtig: Mach dir bewusst, wie viel du leistest. Diese unsichtbare Arbeit, die du jeden Tag machst, ist wertvoll und wichtig. Wenn du dich selbst dafür anerkennst, wirst du dich auch eher trauen, Hilfe anzunehmen oder Grenzen zu setzen.

Mental Load ist eine echte Belastung, die oft unterschätzt wird. Aber das bedeutet nicht, dass du damit allein klarkommen musst. Indem du dir dieser unsichtbaren Last bewusst wirst und aktiv Schritte unternimmst, um sie zu reduzieren, kannst du dir selbst viel Stress ersparen. Also, fang heute an, die Last zu teilen, Aufgaben abzugeben und dich selbst nicht zu vergessen. Dein Kopf und dein Herz werden es dir danken. Dann gibt's endlich mal wieder Raum für all die schönen Gedanken, die im Trubel des Alltags manchmal verloren gehen.

1.2 Wie du dir dein eigenes positives Mindset erarbeitest

Manchmal stehen wir vor Aufgaben, die uns wie riesige, unüberwindbare Berge erscheinen. Der Gedanke daran, es überhaupt zu versuchen, lässt uns am liebsten gleich aufgeben. Kennst du das? Diese Momente, in denen du dich von deinen eigenen negativen Gedanken gefangen fühlst, überzeugt davon, dass du es nicht schaffen wirst. Aber was, wenn ich dir sage, dass genau diese Situationen das perfekte Spielfeld sind, um dir ein starkes, positives Mindset zu erarbeiten? In der Geschichte, die du gleich lesen wirst, wirst du sehen, wie sich der Blickwinkel auf solch eine Herausforderung langsam verändert. Es beginnt mit dem allzu vertrauten Gefühl des Scheiterns und der Zweifel, die dich quälen. Doch mit jeder neuen Konfrontation wächst etwas in dir: Der Wunsch, nicht aufzugeben und endlich an dich selbst zu glauben. Am Ende wirst du erkennen, dass ein positives Mindset nicht nur möglich, sondern auch kraftvoll ist und dir die Stärke gibt, das Unmögliche zu meistern.

Du stehst vor einer Aufgabe, die dir schon beim bloßen Gedanken daran den Magen umdreht. Vielleicht ist es die Präsentation, die du vor einem großen Publikum halten musst, oder der Marathon, für den du dich angemeldet hast, ohne je wirklich daran zu glauben, dass du es schaffen könntest. Du spürst, wie der Druck in dir wächst, und die Zweifel nagen an dir: „Das werde ich nie schaffen… Was, wenn ich versage? Alle werden mich auslachen…" Dein Kopf ist voll von negativen Gedanken, die sich wie ein dicker Nebel um dich legen und jeden klaren Gedanken ersticken.

Also stehst du da, vielleicht in deinem Büro oder draußen auf der Laufstrecke, und alles in dir schreit nach Aufgeben. Du siehst die Gesichter der Menschen, die auf dich schauen, erwartungsvoll, vielleicht auch kritisch, und du fühlst dich so klein. Du kämpfst dich durch den Moment, doch innerlich hast du schon verloren. Die Präsentation geht schief, du stolperst über deine Worte, die Läufer vor dir ziehen davon, und du merkst, wie du innerlich immer mehr verkrampfst. Am Ende bleibst du enttäuscht und frustriert zurück, bestätigt in dem Gefühl, dass du es eben doch nicht schaffen kannst.

Aber dann passiert etwas. Vielleicht ist es ein kleiner Funke, der in dir aufkeimt. Der Gedanke: „Warum eigentlich nicht? Warum sollte ich es nicht schaffen?" Dieser Gedanke bleibt dir im Kopf, auch wenn er anfangs noch leise und unsicher ist. Du spürst, dass du etwas ändern möchtest, dass es so nicht weitergehen kann. Die nächste Gelegenheit kommt schneller als gedacht. Du stehst wieder vor der Herausforderung – diesmal vorbereitet, aber mit dem gleichen Unbehagen im Bauch. Doch jetzt, anstatt dich von den negativen Gedanken überwältigen zu lassen, entscheidest du dich bewusst, es anders anzugehen. „Ich habe mich vorbereitet. Ich werde mein Bestes geben, und das ist genug." Die Zweifel sind noch da, aber diesmal stellst du ihnen etwas entgegen. Du gehst einen Schritt nach dem anderen, konzentrierst dich auf das, was du tun kannst, statt auf das, was schiefgehen könnte. Und obwohl es noch nicht perfekt ist, merkst du einen Unterschied. Du hast den Moment nicht aufgegeben. Vielleicht hast du nicht alles geschafft, aber du hast es versucht, und das zählt. Du fühlst dich ein wenig stärker, ein bisschen mutiger.

Beim nächsten Mal sind die Zweifel immer noch da, aber sie sind leiser. Du weißt jetzt, dass du sie nicht einfach zulassen musst. Du kannst sie in die Schranken weisen. Du kannst dich auf das Positive konzentrieren, auf das, was gut laufen könnte. Du beginnst, dir selbst kleine Erfolgsgeschichten zu erzählen: „Ich habe schon schwierige Dinge gemeistert. Ich kann das schaffen." Und siehe da, mit jedem Mal fällt es dir leichter. Du stellst fest, dass das, was dir anfangs unmöglich erschien, gar nicht so unüberwindbar ist. Es ist, als ob du ein Puzzle zusammensetzt, bei dem jedes kleine Stück positive Gedanken und Erfahrungen deinen Blick auf die Welt verändert. Dein Mindset wird stärker, positiver, und du spürst, wie sich der Nebel der Zweifel langsam lichtet. Du gehst in die Situation hinein, dieses Mal mit der festen Überzeugung, dass du es schaffen kannst. Und weißt du was? Du schaffst es auch.

Am Ende dieses Weges stehst du vor der gleichen Aufgabe, die dir einst so unüberwindbar erschien. Aber diesmal ist alles anders. Dein Herz schlägt ruhig, dein Kopf ist klar. Du weißt, dass du alles geben wirst, und das gibt dir ein unerschütterliches Vertrauen in dich selbst. Und tatsächlich, du meisterst die Aufgabe. Vielleicht nicht perfekt, aber mit einem Lächeln im Gesicht und dem Wissen, dass du dich selbst nicht mehr unterschätzt. Du hast dir ein positives Mindset erarbeitet – und das ist deine größte Stärke.

2. Pilates als ganzheitliches Training

2.1 Was das ganzheitliche Körpertraining ausmacht

Pilates ist mehr als nur eine Sportart, es ist eine Philosophie des Wohlbefindens, die Körper und Geist auf eine ganz besondere Weise verbindet. Erfunden wurde Pilates von Joseph Pilates, einem Deutschen, der die Methode ursprünglich als „Contrology" bezeichnete. Sein Ziel war es, ein System zu entwickeln, das sowohl die körperliche Fitness als auch die mentale Gesundheit fördert. Heute ist Pilates weltweit bekannt und geschätzt und das aus gutem Grund. Es handelt sich um ein ganzheitliches Körpertraining, das sich auf die Stärkung der tief liegenden, stabilisierenden Muskulatur konzentriert. Im Mittelpunkt stehen dabei der Rumpf, der auch als „Powerhouse" bezeichnet wird, sowie die kontrollierte und präzise Ausführung der Übungen. Anders als bei vielen anderen Trainingsmethoden geht es beim Pilates weniger um Wiederholungen und Gewicht, sondern um die Qualität der Bewegung, die Atmung und die korrekte Haltung. Jede Übung wird bewusst und mit Achtsamkeit ausgeführt, was Pilates zu einer besonders effektiven und gleichzeitig sanften Methode macht, den Körper zu kräftigen.

Der Zusammenhang zwischen Pilates und mentaler Gesundheit ist nicht zu unterschätzen. Wir sind oft von Hektik und Stress umgeben. Für solche Situationen bietet Pilates einen Raum der Ruhe und Selbstfürsorge. Die Kombination aus bewusster Atmung, konzentrierten Bewegungen und der Fokussierung auf den eigenen Körper führt zu einer tieferen Verbindung zwischen Körper und Geist.

Regelmäßiges Pilates-Training kann helfen, Stress abzubauen, Ängste zu lindern und das allgemeine Wohlbefinden zu steigern. Studien haben gezeigt, dass Pilates die Produktion von Endorphinen anregen kann, den sogenannten Glückshormonen. Diese helfen dabei, negative Gedankenmuster zu durchbrechen und eine positive Einstellung zu fördern. Außerdem verbessert Pilates die Körperwahrnehmung, was dazu führt, dass man sich selbst bewusster wahrnimmt und achtsamer mit sich umgeht.

Eine der großen Stärken von Pilates liegt in der Verbesserung der Körperhaltung und Flexibilität. Durch die gezielten Übungen werden nicht nur die großen Muskelgruppen, sondern auch die kleinen, oft vernachlässigten Muskeln angesprochen. Dies führt zu einer besseren Ausrichtung des Körpers, einer aufrechteren Haltung und einer erhöhten Beweglichkeit. Menschen, die regelmäßig Pilates praktizieren, berichten oft von einem neuen Körpergefühl. Sie stehen aufrechter, bewegen sich geschmeidiger und fühlen sich insgesamt wohler in ihrer Haut.

Das Tolle an Pilates ist, dass du es superleicht in deinen Alltag integrieren kannst. Ob du nun zu Hause auf deiner Yogamatte turnst oder dich im Studio austobst. Schon ein paar Minuten am Tag können bei dir Wunder wirken. Es braucht wirklich nicht viel: Eine bequeme Matte, ein bisschen Platz und die Bereitschaft, dich voll und ganz auf deinen Körper zu konzentrieren. Mit der Zeit kann Pilates nicht nur zu deinem täglichen Begleiter werden, sondern auch zu deiner persönlichen Quelle der Kraft und Entspannung. Somit kannst du den Herausforderungen des Lebens mit einem klaren Kopf und einem gestärkten Körper begegnen. Probiere dich ruhig mal aus. Du wirst überrascht sein, wie viel positive Energie in dir steckt, die nur darauf wartet, endlich freigesetzt zu werden!

2.2 Einfache Pilates Übungen, die dir persönlich etwas bringen. Die 5 effektivsten Übungen

Es gibt für jeden Geschmack und jedes Fitnesslevel verschiedene Übungen. Du brauchst weder viel Zeit noch teure Ausrüstung, um loszulegen. Hier sind fünf super einfache Pilates-Übungen, die dir garantiert ein Lächeln ins Gesicht zaubern und deinem Körper richtig guttun. Also, schnapp dir deine Matte und los geht's!

1. Der Roll-Up – Hallo, Bauchmuskeln!

Der Roll-Up ist wie ein kleines Wunderwerk für deine Bauchmuskeln. Stell dir vor, du verwandelst deinen Körper in eine menschengewordene Sushi-Rolle, nur dass du dabei deine Bauchmuskeln kräftigst, statt sie zu füllen!

So geht's:

Leg dich flach auf den Rücken, die Arme ausgestreckt über den Kopf. Atme tief ein und heb deine Arme langsam nach vorne, während du dich Wirbel für Wirbel aufrollst, bis du in einer sitzenden Position landest. Halte kurz inne und rolle dich dann genauso langsam wieder zurück. Mach das Ganze 5-10 Mal und spüre, wie du dich immer mehr zur lebendigen Sushi-Rolle verwandelst.

2. Der Hund-winkt-mit-dem-Schwanz – Flexibilität trifft auf Spaß!

Dieser Klassiker ist nicht nur eine tolle Dehnübung, sondern auch ein Spaßbringer für alle, die sich in tierischer Gesellschaft wohlfühlen. Stell dir vor, du bist ein glücklicher Hund, der freudig mit dem Schwanz wedelt und zwar in die Richtung, in die du dich dehnst!

So geht's:

Geh auf alle Viere, Hände unter den Schultern, Knie unter der Hüfte. Atme ein und streck deinen rechten Arm nach vorne und das linke Bein nach hinten aus. Halte die Position kurz und stell dir vor, wie dein imaginärer Hundeschwanz wackelt. Wechsle dann die Seiten. Wiederhole das Ganze 10 Mal auf jeder Seite und genieße das Gefühl der Balance und der Stabilität.

Übung 2

Der Hund-winkt-mit-dem-Schwanz

3. Die Brücke – Alles in Bewegung bringen!

Mit der Brücke zauberst du nicht nur einen hübschen Bogen, sondern tust deinem Rücken und Gesäß etwas Gutes. Diese Übung ist perfekt, um dich am Ende eines langen Tages wieder aufzurichten.

So geht's:

Leg dich auf den Rücken, die Knie angewinkelt, die Füße hüftbreit aufgestellt. Atme ein, drück die Fersen in den Boden und heb dein Becken langsam an, bis dein Körper von den Schultern bis zu den Knien eine gerade Linie bildet. Atme aus und senk das Becken langsam wieder ab. Wiederhole die Übung 10-15 Mal und freu dich über die Extra-Power in deinem Po.

4. Der Seitstütz – Ein bisschen seitlicher Pep

Beim Seitstütz kannst du deine seitlichen Bauchmuskeln so richtig herausfordern.

So geht's:

Leg dich auf die Seite, stütze dich auf deinen Unterarm, der Ellbogen direkt unter der Schulter. Heb dein Becken an, sodass dein Körper eine gerade Linie bildet, und halte die Position für 15-30 Sekunden.

Senk dann langsam ab und wechsle die Seite. Mach das 3 Mal auf jeder Seite und spüre die Kraft in deinen schrägen Bauchmuskeln.

5. Der Schwimmer – Auf in die Weiten des Meeres

Beim Schwimmer bringst du Bewegung in deinen Rücken und stärkst gleichzeitig die Gesäßmuskulatur. Denk daran, du bist ein eleganter Delphin, der durch die Wellen gleitet.

So geht's:

Leg dich auf den Bauch, die Arme nach vorne ausgestreckt. Heb gleichzeitig den rechten Arm und das linke Bein ein paar Zentimeter vom Boden ab, dann wechselst du die Seite. Mach das abwechselnd und stelle dir vor, wie du durchs Wasser schneidest. Mach weiter für 30 Sekunden und genieß die sanfte Kräftigung deines Rückens.

Pilates muss nicht kompliziert sein, um effektiv zu sein, im Gegenteil! Diese einfachen Übungen lassen sich spielend leicht in deinen Alltag integrieren und bieten dir eine wunderbare Mischung aus Kraft, Flexibilität und Spaß.

Kapitel 5:
EINFACHE ÜBUNGEN, UM DEIN SELBSTBEWUSSTSEIN ZU STÄRKEN

1. Die Kraft der Selbstreflexion

1. Die Kraft der Selbstreflexion

1.1 Tagebuch schreiben

Das Tagebuchschreiben ist ein wunderbares Werkzeug, um mehr über dich selbst zu erfahren und dein inneres Gleichgewicht zu finden. Es kann dir helfen, deine Gedanken und Gefühle zu ordnen, dir Klarheit zu verschaffen und einen ruhigen Moment nur für dich zu schaffen. Hier sind einige praktische Tipps, wie du das Tagebuchschreiben in deinen Alltag integrieren kannst – und das Beste daran: Es macht mehr Spaß als du vielleicht denkst!

Warum ein Tagebuch führen?

Tagebuchschreiben ist nicht nur etwas für Teenager oder Schriftsteller. Es ist eine kraftvolle Methode, um dich selbst besser kennenzulernen und deine Gedanken und Emotionen zu verarbeiten. Hier sind einige Gründe, warum es sich lohnt, ein Tagebuch zu führen:

- **Selbstreflexion:** Durch das Schreiben kannst du deine Erlebnisse und Gedanken reflektieren und besser verstehen, warum du dich in bestimmten Situationen so fühlst, wie du dich fühlst.
- **Stressabbau:** Es kann unglaublich befreiend sein, Sorgen und Ängste auf Papier zu bringen. Das Schreiben hilft dir, deine Gefühle zu ordnen und den Kopf frei zu bekommen.
- **Kreativität fördern:** Beim Tagebuchschreiben kannst du deiner Kreativität freien Lauf lassen, neue Ideen entwickeln und verschiedene Schreibstile ausprobieren.
- **Erinnerungen festhalten:** Dein Tagebuch wird zu einer Schatzkiste voller Erinnerungen, die du später wieder durchblättern kannst, um vergangene Erlebnisse und Gedanken nachzuverfolgen.

Wie fängst du an?

Der erste Schritt ist oft der schwerste, aber keine Sorge, wir nehmen ihn gemeinsam! Hier sind ein paar Tipps, um loszulegen:

1. **Ein schönes Notizbuch und Stift auswählen:** Es macht viel mehr Spaß zu schreiben, wenn du ein hübsches Tagebuch und einen Stift hast, den du gerne benutzt. Vielleicht ein Notizbuch mit einem inspirierenden Zitat oder einem hübschen Muster auf dem Cover?

2. **Einen festen Zeitpunkt finden:** Versuche, eine Routine zu entwickeln. Schreibe jeden Morgen nach dem Aufwachen oder abends vor dem Schlafengehen. Finde den Zeitpunkt, der für dich am besten passt und bleibe dabei.
3. **Keine Regeln, kein Druck:** Dein Tagebuch ist dein persönlicher Raum. Es gibt keine festen Regeln, wie du schreiben sollst. Schreibe einfach drauf los, ohne dich um Grammatik oder Rechtschreibung zu kümmern. Das Wichtigste ist, dass du dich dabei wohlfühlst.

Tolle Übungen für den Anfang

Um dir den Start zu erleichtern, gibt es ein paar schöne Übungen, die dir helfen können, ins Tagebuchschreiben hineinzukommen:

1. **Dankbarkeitstagebuch:**
    - Schreibe jeden Tag drei Dinge auf, für die du dankbar bist. Das können ganz einfache Dinge sein, wie der leckere Kaffee am Morgen oder das Lächeln eines Fremden. Diese Übung hilft dir, deinen Fokus auf das Positive zu richten und glücklicher zu sein.
2. **Gefühlsbarometer:**
    - Notiere jeden Tag deine Stimmung auf einer Skala von 1 bis 10 und beschreibe kurz, warum du dich so fühlst. Das hilft dir, Muster in deinen Emotionen zu erkennen und besser auf deine Bedürfnisse einzugehen.
3. **Freies Schreiben:**
    - Setze dir einen Timer auf zehn Minuten und schreibe einfach alles auf, was dir in den Sinn kommt. Es geht darum, deine Gedanken fließen zu lassen, ohne nachzudenken. Diese Übung kann sehr befreiend sein und dir helfen, unbewusste Gedanken und Gefühle zu entdecken.
4. **Zukunftsvision:**
    - Schreibe einen Brief an dein zukünftiges Selbst, in dem du deine Ziele und Träume beschreibst. Wie möchtest du in einem Jahr sein? Was möchtest du erreicht haben? Diese Übung motiviert dich, deine Träume zu verfolgen und gibt dir eine klare Vision für die Zukunft.

5. **Die kleinen Freuden des Tages:**
   Notiere am Ende des Tages drei Dinge, die dir Freude bereitet haben. Vielleicht war es ein besonders schöner Moment mit deinem Kind oder ein Kompliment, das du bekommen hast. Diese Übung hilft dir, den Tag positiv abzuschließen und glücklich ins Bett zu gehen.

Tipps für ein erfüllendes Tagebuch

Damit das Tagebuchschreiben zu einer bereichernden Erfahrung wird, hier noch ein paar zusätzliche Tipps:

- **Sei ehrlich zu dir selbst:** Dein Tagebuch ist dein sicherer Raum. Schreibe ehrlich über deine Gedanken und Gefühle, ohne Angst vor Urteil.
- **Verwende Illustrationen und Farben:** Manchmal sagen Bilder mehr als Worte. Zeichne kleine Skizzen oder verwende Farben, um deine Einträge lebendiger zu gestalten.
- **Mach es dir gemütlich:** Suche dir einen ruhigen Platz, an dem du ungestört schreiben kannst. Vielleicht mit einer Tasse Tee und einer Kerze, um eine angenehme Atmosphäre zu schaffen.
- **Regelmäßigkeit ist der Schlüssel:** Versuche, regelmäßig zu schreiben, auch wenn es nur ein paar Minuten sind. Es ist eine schöne Gewohnheit, die dir hilft, dich selbst besser kennenzulernen.

Das Tagebuchschreiben ist eine wunderbare Möglichkeit, um mehr über dich selbst zu erfahren und deinen Alltag bewusst zu gestalten. Es bietet dir die Chance, deine Gedanken und Gefühle zu ordnen, kreativ zu sein und positive Erinnerungen festzuhalten. Also leg einfach mal los– du wirst überrascht sein, wie viel Freude und Klarheit dir das Schreiben bringen kann!

1.2 Fragen, die dir helfen, dich selbst besser zu verstehen: 8 wertvolle Ansätze.

Wir haben acht Fragen vorbereitet, die dir helfen sollen, dich selbst ein bisschen besser zu verstehen. Also schnapp dir einen Stift, dein eben erstelltes Tagebuch und mach es dir gemütlich. Und keine Sorge, es wird nicht langweilig – du wirst vielleicht schmunzeln, nachdenken und eventuell sogar ein bisschen träumen. Los geht's!

1. Was bringt dein Herz zum Hüpfen?

Denk mal an die letzten Tage oder Wochen zurück. Was hat dich wirklich glücklich gemacht? War es der Moment, als dein Kind dir sein selbstgemaltes Bild voller Stolz zeigte? Oder der Spaziergang im Park, bei dem du eine Entenfamilie beobachtet hast? Schreib alles auf, was dir einfällt. Diese kleinen Glücksmomente sind wie Schokostreusel auf dem Eis – sie machen das Leben bunter und süßer. Halte sie fest und versuche, mehr davon in deinen Alltag zu bringen.

2. Wofür bist du besonders dankbar?

Dankbarkeit ist ein wundervolles Gefühl, das oft im Alltagsstress untergeht. Nimm dir jeden Abend ein paar Minuten Zeit und schreibe drei Dinge auf, für die du an diesem Tag dankbar bist. Vielleicht war es der köstliche Kaffee am Morgen, das Lächeln eines Fremden oder das Lied, das im Radio lief und dich an alte Zeiten erinnerte. Diese Übung ist wie eine warme Umarmung für deine Seele und hilft dir, das Gute im Leben zu sehen.

3. Was sind deine größten Stärken?

Manchmal vergessen wir, wie großartig wir eigentlich sind. Also, frag dich mal: Was kannst du richtig gut? Bist du ein Organisationstalent, das selbst das größte Chaos in den Griff bekommt? Oder ein kreativer Kopf, der die schönsten DIY-Projekte zaubert? Schreib alles auf, was dir einfällt. Und wenn du dir unsicher bist, frag doch mal Freunde oder Familie. Du wirst erstaunt sein, wie viele Talente du hast! Und hey, manchmal muss man sich auch selbst ein kleines High-Five geben.

4. Was sind deine größten Herausforderungen?

Es ist wichtig, sich auch mit den eigenen Schwächen auseinanderzusetzen. Was fällt dir schwer? Wovor hast du Angst? Vielleicht ist es das Reden vor großen Gruppen oder die Geduld, wenn das WLAN mal wieder spinnt. Indem du diese Herausforderungen erkennst, kannst du aktiv daran arbeiten, sie zu überwinden. Und vergiss nicht: Jeder hat Schwächen, und das ist völlig okay. Sie machen uns menschlich und bieten Raum für Wachstum.

5. Was würde dein jüngeres Ich über dein heutiges Ich denken?

Denk mal zurück an dein jüngeres Ich – vielleicht als du noch in die Grundschule gingst und davon träumtest, Astronaut oder Prinzessin zu werden. Was würde dein jüngeres Ich über dich denken? Wäre es stolz auf das, was du erreicht hast? Oder würde es sich wünschen, dass du mehr auf deine Träume achtest? Diese Frage kann dir helfen, einen neuen Blickwinkel auf dein Leben zu bekommen und vielleicht sogar alte Träume wieder zu entdecken. Und seien wir ehrlich: Manchmal brauchen wir alle einen kleinen Schubs von unserem inneren Kind.

6. Wie sieht dein perfekter Tag aus?

Träum ein bisschen! Wie würde dein perfekter Tag aussehen? Vielleicht beginnst du mit einem ausgiebigen Frühstück im Bett, gefolgt von einem Abenteuer im Wald oder einem Nachmittag am Strand. Was würdest du tun, mit wem würdest du Zeit verbringen und wo wärst du? Schreib alles auf, so detailliert wie möglich. Dieser perfekte Tag kann dir helfen, herauszufinden, was dir wirklich wichtig ist und was du öfter in deinen Alltag einbauen solltest. Manchmal ist es die Vorstellung eines perfekten Tages, die uns durch graue Alltage hindurchträgt.

7. Was möchtest du in fünf Jahren erreicht haben?

Ziele zu haben ist wichtig, um motiviert und auf Kurs zu bleiben. Überleg dir, wo du in fünf Jahren sein möchtest. Welche beruflichen Ziele hast du? Welche persönlichen? Vielleicht möchtest du eine neue Sprache lernen, eine Weltreise machen oder ein Buch schreiben. Schreib deine Ziele auf und überlege dir kleine Schritte, wie du sie erreichen kannst. Und denk dran: Träume groß, aber fang klein an. Jeder große Erfolg beginnt mit einem ersten kleinen Schritt.

8. Was lässt dich abends zufrieden einschlafen?

Am Ende eines Tages, was gibt dir das Gefühl, dass der Tag gelungen war? Ist es das Gefühl, etwas geschafft zu haben? Oder vielleicht die Zeit, die du mit deinen Liebsten verbracht hast? Schreib alles auf, was dir einfällt. Diese Momente des Friedens und der Zufriedenheit sind wertvolle Hinweise darauf, was dir wirklich wichtig ist. Manchmal sind es die kleinen Dinge, die uns das größte Glück bringen – wie das abendliche Kuscheln mit den Kindern oder das Glas Wein mit dem Partner auf dem Balkon.

Diese acht Fragen sind dein Startpunkt, um dich selbst besser zu verstehen. Nimm dir Zeit für jede Frage und sei ehrlich zu dir selbst. Du wirst sehen, wie viel Spaß es macht, auf Entdeckungsreise zu gehen. Und wer weiß, vielleicht lernst du dabei Seiten an dir kennen, die du noch gar nicht bemerkt hast.

2. Kleine Schritte, große Wirkung: Tägliche Übungen

2.1 Morgendliche Affirmationen: Dein Leitfaden für deine morgendliche Routine

Hast du jemals darüber nachgedacht, wie du deinen Tag beginnst? Das kann einen enormen Einfluss darauf haben, wie du dich den ganzen Tag über fühlst. Stell dir vor, du wachst auf und begrüßt den Tag mit einer positiven Einstellung – wie ein kleiner Sonnenstrahl, der sich durch die Wolken kämpft und alles in warmes Licht taucht. Klingt gut, oder? Hier sind fünf wunderbare Affirmationen, die du in deinen morgendlichen Alltag einbauen kannst, um deinen Tag mit einem Lächeln zu beginnen. Das ganze kann dir so als kleiner Leitfaden oder als Inspiration für deinen eigenen Leitfaden diene, wie du den grauen Alltag am besten angehen kannst!

„Ich bin bereit für einen großartigen Tag."

Wenn du morgens aufwachst, ist der erste Schritt oft der schwerste. Die Augen sind noch halb geschlossen, der Kopf vielleicht noch im Traumland. Aber halt mal kurz inne, bevor du aus dem Bett springst. Sag dir selbst: „Ich bin bereit für einen großartigen Tag." Das klingt einfach, hat aber eine enorme Wirkung. Du gibst deinem Tag eine positive Richtung, noch bevor er richtig begonnen hat. Egal, was auf dich zukommt, du bist bereit. Also raus aus den Federn, der Tag gehört dir!

Während du dir dein erstes bevorzugtes Getränk des Tages machst, nimm dir einen Moment Zeit, um dich daran zu erinnern: „Ich verdiene es, glücklich zu sein." Diese Affirmation ist wie ein kleiner persönlicher Cheerleader, der dir ins Ohr flüstert, dass du es wert bist, glücklich zu sein. Manchmal vergessen wir das im Trubel des Alltags. Also, nimm einen tiefen Atemzug, lächle und genieße deinen Morgen. Dein Glück ist wichtig und du verdienst es, dich jeden Tag gut zu fühlen.

„Ich vertraue auf meine Fähigkeiten
und meinen Weg"

Bevor du das Haus verlässt, sei es für die Arbeit, die Schule oder einen Spaziergang, wiederhole diese Affirmation: „Ich kann das und ich schaffe das!" Du hast alles, was du brauchst, um erfolgreich zu sein. Dein Weg mag nicht immer gerade sein, aber er führt dich genau dorthin, wo du sein willst. Vertraue darauf, dass du die Fähigkeiten und die Stärke hast, alles zu bewältigen, was dir begegnet. Mit diesem Vertrauen im Herzen kannst du selbstbewusst in den Tag starten.

Affirmationen sind kleine, aber mächtige Mittel, die deinen Tag in eine positive Richtung lenken können. Indem du diese einfachen Sätze in deinen morgendlichen Alltag integrierst, gibst du dir selbst die Erlaubnis, glücklich, energiegeladen und dankbar zu sein. Also, warum nicht heute damit anfangen? Stell dir vor, wie du jeden Morgen mit einem Lächeln aufwachst, bereit, den Tag zu erobern. Du verdienst es, großartig zu sein – jeden einzelnen Tag!

2.2 Abends Reflexion und Dankbarkeitspraxis

Dein Tag neigt sich dem Ende zu, die Hektik liegt hinter dir und du hast endlich einen Moment der Ruhe nur für dich. Du hast es dir auf dem Sofa gemütlich gemacht, vielleicht mit einer Tasse Tee oder einem guten Buch in der Hand. Die Kinder schlafen, das Haus ist still, und es gibt keinen besseren Zeitpunkt, um einen Blick auf den Tag zu werfen und ihn mit einem positiven Gefühl abzuschließen.

„Endlich Zeit für mich, um meinen Tag
zu reflektieren"

Die abendliche Reflexion ist eine wunderbare Methode, um genau das zu tun. Sie bietet dir die Möglichkeit, innezuhalten, durchzuatmen und bewusst auf die kleinen und großen Momente des Tages zurückzublicken. Aber keine Sorge, das Ganze soll nicht kompliziert oder zeitraubend sein, es ist vielmehr eine einfache Routine, die dir hilft, den Tag mit einem guten Gefühl zu beenden. Nimm dir ein paar Minuten Zeit, um darüber nachzudenken, was heute gut gelaufen ist. Gab es einen Moment, der dich besonders glücklich gemacht hat? Vielleicht das Lächeln deines Kindes, die nette Geste des Kollegen oder einfach das Gefühl, eine schwierige Aufgabe gut gemeistert zu haben. Es müssen keine großen Dinge sein, manchmal sind es gerade die kleinen, alltäglichen Momente, die uns besonders viel geben. Halte diese Gedanken fest, und spüre, wie sich ein Gefühl der Zufriedenheit in dir ausbreitet.

„Am Ende des Tages bin ich für alle die Dinge, die mich glücklich machen, dankbar."

Nachdem du den Tag reflektiert hast, geht es weiter mit der Dankbarkeitspraxis. Überlege dir, wofür du heute dankbar bist. Das können konkrete Ereignisse sein, wie ein gutes Gespräch oder eine gelungene Aufgabe, aber auch allgemeinere Dinge, wie deine Gesundheit oder die Unterstützung durch deine Familie. Es geht darum, die positiven Aspekte deines Lebens bewusst wahrzunehmen und ihnen Wertschätzung entgegenzubringen. Indem du dir jeden Abend vor Augen führst, wofür du dankbar bist, lenkst du deinen Fokus auf das Positive und stärkst dein Wohlbefinden.

Diese Praxis mag anfangs ungewohnt sein, doch je öfter du sie durchführst, desto leichter wird es dir fallen, die schönen Dinge des Lebens zu erkennen und wertzuschätzen. Es geht nicht darum, jeden Tag einen perfekten Ablauf zu haben oder immer nur strahlende Highlights zu finden. Vielmehr hilft dir diese Routine, auch in stressigen oder herausfordernden Zeiten einen Ankerpunkt zu finden, der dich daran erinnert, dass es immer etwas gibt, das gut gelaufen ist. Du kannst diese Übung ganz für dich allein machen, in Gedanken oder schriftlich in einem Tagebuch, oder du teilst sie mit einem Partner oder einem Freund. Das Tolle daran ist, dass es kein richtig oder falsch gibt. Es ist deine persönliche Zeit, in der du ganz bewusst etwas für dich tust.

Letztlich schließt du nicht nur den Tag ab, sondern auch all die kleinen Sorgen, die sich vielleicht über den Tag hinweg angesammelt haben. Du legst sie beiseite und gehst mit einem zufriedenen, vielleicht sogar lächelnden Gefühl ins Bett. Denn genau das ist der Kern dieser Praxis: Dir selbst etwas Gutes zu tun, dich selbst wertzuschätzen und den Tag positiv abzuschließen.

Kapitel 6:

TIPPS UND TRICKS FÜR MEHR BODY POSITIVITY

1. Praktische Tipps für mehr Selbstliebe

1. Praktische Tipps für mehr Selbstliebe

1.1 Körperakzeptanz: Dein Körper als Freund

Stell dir vor, du stehst vor dem Spiegel und betrachtest dich kritisch. Vielleicht passt die Hose, die letzte Woche noch locker saß, heute nicht mehr ganz so bequem. Oder du bist bei einem Familienfest und wirst mal wieder von den alten Tanten mit „guten" Ratschlägen zur Ernährung bombardiert. Kennst du solche Momente, in denen du dich in deiner Haut einfach nicht wohlfühlst? Keine Sorge, du bist nicht allein. Es gibt viele Alltagssituationen, in denen wir unsicher werden oder uns selbst in Frage stellen.

Typische Alltagssituationen, in denen du dich unwohl fühlst

1. **Der morgendliche Blick in den Spiegel:** Du bist gerade aufgestanden, hast vielleicht nicht gut geschlafen, und der erste Blick in den Spiegel bringt dich nicht gerade zum Strahlen. Da sind die Augenringe, die ungebetenen Pickel und vielleicht die kleine Rundung am Bauch, die dich kritisch anstarrt. Du denkst dir: „Warum kann ich nicht einfach so aussehen wie die Menschen auf Instagram?"

2. **Das Anprobieren neuer Kleidung:** Du stehst in der Umkleidekabine und hast voller Vorfreude einige Teile ausgewählt, die du unbedingt anprobieren wolltest. Doch dann zwickt die eine Hose, das Kleid sitzt nicht so wie erhofft, und der enge Pullover betont die Stellen, die du am liebsten verstecken würdest. Plötzlich fühlt sich das Shoppingerlebnis an wie ein Spießrutenlauf.

3. **Der Strandurlaub:** Der Sommerurlaub steht vor der Tür, und du freust dich auf Sonne, Strand und Meer. Doch sobald du daran denkst, dich im Bikini oder Badeanzug zu zeigen, überkommt dich ein mulmiges Gefühl. Was, wenn die anderen Leute am Strand dich kritisch mustern? Du fragst dich, ob du überhaupt den Mut hast, dich so zu zeigen.

4. **Das Familienfest:** Bei Familienfeiern gibt es oft das üppige Essen und die unvermeidlichen Kommentare über dein Äußeres. „Du hast ja ganz schön zugelegt" oder „Musst du das wirklich noch essen?" sind nur einige der Klassiker. Solche Aussagen treffen dich, auch wenn sie vielleicht nicht böse gemeint sind, und du fühlst dich in deiner Haut noch unwohler.

Körperakzeptanz – Dein Körper als Freund

Es ist völlig normal, dass du dich in solchen Situationen unsicher fühlst. Aber hier kommt Body Positivity ins Spiel: Es geht darum, deinen Körper so zu akzeptieren, wie er ist, und ihm mit Freundlichkeit zu begegnen. Dein Körper ist dein treuer Begleiter durchs Leben – er ermöglicht dir, zu tanzen, zu lachen, zu umarmen und all die schönen Dinge des Lebens zu genießen. Es ist nur angebracht, ihm dafür Dankbarkeit entgegenzubringen, anstatt ihn ständig zu kritisieren.

Mit Körperakzeptanz den Spieß einfach mal umdrehen:

1. **Morgens mit Freundlichkeit in den Tag starten:** Anstatt dich morgens im Spiegel kritisch zu beäugen, versuche, dir selbst ein Lächeln zu schenken. Sag dir bewusst etwas Nettes. „Heute sehe ich richtig gut aus" oder „Ich bin bereit für diesen Tag, egal was kommt." Der erste Schritt zur Körperakzeptanz beginnt im Kopf – und das kannst du schon beim Zähneputzen üben.

2. **Shopping mit Spaß statt Stress:** Wenn du neue Kleidung anprobierst, erinnere dich daran, dass die Kleidung für dich da ist – nicht umgekehrt. Nicht jede Größe oder jeder Schnitt passt zu jedem Körper, und das ist völlig in Ordnung. Nimm es als Spiel, verschiedene Stile auszuprobieren und das zu finden, worin du dich wohlfühlst. Wenn etwas nicht passt, liegt es nicht an dir, sondern an der Kleidung.

3. **Strandurlaub genießen, ohne sich zu verstecken:** Am Strand geht es nicht darum, perfekt auszusehen, sondern Spaß zu haben. Wenn du dich in deinem Bikini oder Badeanzug nicht wohlfühlst, erinnere dich daran, dass die meisten Menschen viel zu sehr mit sich selbst beschäftigt sind, um auf andere zu achten. Genieß das Meer, die Sonne und das Gefühl von Freiheit. Und wenn du dir ein extra Wohlfühlgefühl gönnen möchtest, wähle Badebekleidung, in der du dich wirklich gut fühlst – nicht, weil sie anderen gefallen soll.

4. **Familienfest mit Selbstbewusstsein:** Wenn die Kommentare bei Familienfesten mal wieder in die falsche Richtung gehen, denk daran: Du musst dich nicht rechtfertigen. Du kannst solche Kommentare höflich, aber bestimmt abwehren, indem du das Thema wechselst oder einfach sagst: „Mir geht's gut so, wie ich bin." Du hast das Recht, dein Essen und deinen Körper zu genießen, ohne dich schlecht zu fühlen.

Körperakzeptanz ist ein Weg, den du Schritt für Schritt gehen kannst. Es geht nicht darum, perfekt zu sein, sondern darum, dich selbst so zu akzeptieren und zu lieben, wie du bist, mit all deinen kleinen Makeln und Besonderheiten. Du bist einzigartig, und das ist es, was dich ausmacht. Jeder Körper ist anders, und das ist vollkommen okay. Also, beim nächsten Mal, wenn du dich in einer schwierigen Situation befindest, lächle und erinnere dich daran: Dein Körper ist dein Freund, und du bist wunderschön, genau so, wie du bist.

1.2 Selbstlieberituale: 6 Pflegeroutinen für mehr Wohlbefinden

Wir alle wissen, wie wichtig es ist, uns in unserer Haut wohlzufühlen und unseren Körper zu lieben. Doch manchmal kann das Leben uns ordentlich dazwischenfunken – sei es durch hektische Morgenroutinen, endlose To-do-Listen oder das ständige Gefühl, dass der Tag einfach zu kurz ist. Deshalb sind hier ein paar kleine, aber feine Rituale und Routinen aufgelistet, die dir helfen können, mehr Selbstliebe in deinen Alltag zu integrieren. Und weil das Leben schon kompliziert genug ist, sind die Rituale nach Schwierigkeitsgrad und Aufwand bewertet. Los geht's!

1. Das Morgen-Mantra: „Ich bin großartig!"

- **Schwierigkeit:** (Sehr einfach)
- **Aufwand:** 1 Minute

Beschreibung: Stell dir vor, du startest jeden Morgen mit einer kleinen, aber kraftvollen Ansage an dich selbst. Während du dir die Zähne putzt oder deinen ersten Kaffee trinkst, sage dir: „Ich bin großartig, so wie ich bin!" Das klingt vielleicht ein bisschen albern, aber dieser einfache Satz kann Wunder wirken. Er setzt den Ton für den Tag und erinnert dich daran, dass du fantastisch bist, genau so, wie du bist.

Umsetzung: Das ist so simpel, dass du es sogar nebenbei machen kannst, während du das Marmeladenbrot schmierst oder die Waschmaschine anstellst. Kein Stress, kein Aufwand – nur ein kleines Lächeln für dich selbst!

2. Der Body-Scan vor dem Schlafengehen

- **Schwierigkeit:** (Einfach)
- **Aufwand:** 5-10 Minuten

Beschreibung: Bevor du abends ins Bett gehst, nimm dir ein paar Minuten Zeit für einen Body-Scan. Das ist keine wilde Operation, sondern eine entspannende Übung, bei der du deinen Körper von Kopf bis Fuß bewusst wahrnimmst. Leg dich bequem hin, schließe die Augen und „scanne" deinen Körper in Gedanken. Spüre, wie sich dein Kopf, deine Schultern, dein Bauch und so weiter anfühlen. Dabei geht es nicht darum, kritisch zu sein, sondern einfach nur zu fühlen und zu akzeptieren, was da ist.

Umsetzung: Diese Routine ist ideal, um den Tag in Ruhe ausklingen zu lassen. Sie hilft dir, deinen Körper bewusst wahrzunehmen und ihn so zu akzeptieren, wie er ist. Ein kleiner Bonus: Du schläfst danach wie ein Baby!

3. Das Selfie-Spaßritual

- **Schwierigkeit:** (Mittel)
- **Aufwand:** 5-15 Minuten (je nach Kreativität)

Beschreibung: Mach regelmäßig ein kleines Selfie-Shooting – aber nicht das typische „Ich sehe perfekt aus"-Selfie, sondern ein richtig lustiges! Setz einen verrückten Hut auf, zieh deine buntesten Socken an oder mach das lustigste Gesicht, das dir einfällt. Es geht nicht darum, perfekt zu sein, sondern Spaß zu haben und dich selbst nicht zu ernst zu nehmen. Du wirst überrascht sein, wie viel Freude es macht, sich selbst mal von der lustigen Seite zu sehen.

Umsetzung: Schnapp dir dein Handy, stell dich vor den Spiegel oder setz dich ins beste Licht und los geht's! Dies ist eine großartige Übung, um dich selbst in allen Facetten zu lieben, auch den witzigen und verrückten!

4. Die Wohlfühl-Dusche

- **Schwierigkeit:** (Einfach)
- **Aufwand:** 10 Minuten

Beschreibung: Verwandle deine tägliche Dusche in ein kleines Wohlfühlritual. Statt nur schnell das Shampoo rein und raus, gönn dir eine Extra-Portion Zuwendung. Nimm dir bewusst Zeit, das warme Wasser zu genießen, massiere sanft deinen Kopf und spüre das Duschgel auf deiner Haut. Stelle dir dabei vor, wie das Wasser alle negativen Gedanken wegspült und du dich danach erfrischt und voller Energie fühlst. Wenn du mal wieder gestresst bist, lass dir beim Duschen bewusst Zeit. Es ist wie ein Mini-Wellness-Tag – und das ganz ohne Sauna und Bademantel!

5. Das Outfit-des-Tages-Ritual

- **Schwierigkeit:** (Mittel bis etwas aufwendig)
- **Aufwand:** 10-20 Minuten

Beschreibung: Verabschiede dich von langweiligen Outfits und zelebriere deinen Körper mit dem Outfit des Tages! Suche dir jeden Morgen etwas aus, das dich glücklich macht, sei es das knallige Kleid, das du sonst nie trägst, oder die bunte Hose, die schon seit Wochen im Schrank liegt. Stell dich vor den Spiegel, dreh dich einmal um und sag dir: „Heute sehe ich fantastisch aus!"

Umsetzung: Gönn dir ein paar Minuten extra am Morgen, um bewusst ein Outfit auszuwählen, das dir Freude macht. Und wenn die Zeit knapp ist: Es reicht auch schon, die schicken Ohrringe oder den Lieblingsschal rauszuholen!

6. Der Dankbarkeits-Tanz

- **Schwierigkeit:** (Etwas anspruchsvoller, dafür jede Menge Spaß!)
- **Aufwand:** 5-10 Minuten

Beschreibung: Mal angenommen du machst jeden Tag einen kleinen Dankbarkeits-Tanz. Sobald du allein zu Hause bist oder das Gefühl hast, dass der Tag einen Energiekick braucht, leg deine Lieblingsmusik auf und tanze, als würde niemand zuschauen (was hoffentlich auch der Fall ist). Während du tanzt, denke an all die Dinge, für die du deinem Körper dankbar bist – deine Beine, die dich tragen, deine Arme, die dich umarmen lassen, oder etwas an dir, was dich zum Lachen bringt.

Das Tolle daran ist, dass du diesen Tanz überall machen kannst – ob im Wohnzimmer, in der Küche oder im Bad. Hauptsache, du hast Spaß und zeigst deinem Körper, dass du ihn liebst!

Es braucht nicht viel, um mehr Körperakzeptanz in dein Leben zu bringen, nur ein bisschen Zeit und die Bereitschaft, dir selbst mit Liebe und Humor zu begegnen. Egal, ob du mit dem Morgen-Mantra startest oder dir den Dankbarkeits-Tanz gönnst: Diese Routinen sind dafür da, dir zu zeigen, wie wunderbar und einzigartig du bist. Und vergiss nicht: Es ist nicht wichtig, alles perfekt zu machen. Hauptsache, du machst es mit einem Lächeln und einem guten Gefühl!

2. Übungen zur Stärkung des Körperbewusstseins

2.1 5 Spiegelübungen: Dich selbst positiv sehen

Dieser Beitrag ist etwas anders gestaltet. Dir wird in diesem Abschnitt nicht nur ein normaler Text präsentiert, stattdessen findest du auf der linken Seite all die Zweifel, Ängste und Sorgen, die uns oft begegnen, wenn wir uns im Spiegel betrachten. Diese Gedanken können manchmal überwältigend sein und uns das Gefühl geben, nicht gut genug zu sein. Auf der rechten Seite steht jedoch die „gute" Seite – voller positiver Spiegelübungen, die dir helfen sollen, diese negativen Gedanken in Liebe und Selbstakzeptanz zu verwandeln. Diese Übungen sind einfach, aber kraftvoll, und wir hoffen, dass sie dir dabei helfen, dich selbst mit einem Lächeln im Spiegel zu sehen. Warum diese ungewöhnliche Aufteilung? Weil es oft genau so in unserem Kopf abläuft: Zwei Stimmen, die gegeneinander sprechen, die eine kritisch, die andere unterstützend.

Du stehst vor dem Spiegel und schaust dich an. Die erste Frage, die dir durch den Kopf schießt:

„Bin ich gut genug?" Deine Augen wandern kritisch über dein Gesicht, die kleinen Fältchen, die sich in den letzten Jahren eingeschlichen haben. „Warum sehe ich heute so müde aus?" murmelst du vor dich hin, während du deine Augenringe betrachtest. Es ist fast so, als ob der Spiegel all deine Unsicherheiten vergrößert und dir ins Gesicht spiegelt. „Was, wenn ich nie so aussehen werde, wie ich es mir wünsche?"

Du bemerkst, wie du unbewusst die Schultern hängen lässt, als ob der Spiegel dich niederdrückt. „Vielleicht sollte ich heute einfach kein Selfie machen", denkst du. Die negativen Gedanken kommen schneller als das Lächeln, das du dir eigentlich schenken wolltest. „Warum kann ich nicht einfach zufrieden sein?" Ein tiefes Seufzen entweicht dir. Der Spiegel scheint alle deine Zweifel, Ängste und Sorgen auf einmal zu zeigen, und du fühlst dich plötzlich kleiner und unsicherer.

alte Ängste, Zweifel und Sorgen

positiver Blickwinkel

Erneut stehst du vor dem Spiegel, dieses Mal mit einem anderen positiven Blickwinkel. Fang mit einem Lächeln an – auch wenn es sich anfangs ein wenig erzwungen anfühlt. Das Lächeln ist dein Geheimtrick, um den Tag mit einer positiven Note zu starten. „Hallo, du schöne Person", flüsterst du dir selbst zu. Es mag komisch klingen, aber genau das ist es, was du brauchst, ein kleiner Schubs in die richtige Richtung. Schau dir tief in die Augen und sage etwas Nettes zu dir selbst. „Ich bin stark und mutig" oder „Ich bin genau richtig, so wie ich bin." Wiederhole diese positiven Sätze jeden Morgen, während du dich im Spiegel betrachtest. Das ist keine Magie, sondern Übung. Je öfter du es machst, desto natürlicher wird es sich anfühlen. Dein Spiegelbild wird zu deinem Verbündeten, der dir jeden Tag bestätigt, dass du gut genug bist, genau so, wie du bist.

am nächsten Morgen...

Es ist morgens 7 Uhr als du in den Spiegel schaust. Deine Gedanken schweifen zurück zu all den Zeiten, in denen du dich im Spiegel betrachtet hast und nur das Negative gesehen hast. „Diese kleine Rolle am Bauch, die müsste doch weg sein", sagst du dir, während deine Hand fast automatisch zu deinem Bauch wandert. Es ist, als ob der Spiegel nur auf diese vermeintlichen Makel hinweist. „Warum kann ich nicht aussehen wie die anderen?" Der Vergleich ist gnadenlos, und du fühlst dich plötzlich unzulänglich.

neue Ausrichtung

Beim zweiten Blick in dein Spiegelbild fragst du dich etwas: Wie wäre es, wenn du beim nächsten Mal, wenn diese Zweifel auftauchen, bewusst umschaltest? Statt auf die vermeintlichen Makel zu schauen, konzentrierst du dich auf die Dinge, die du an dir magst. „Meine Augen strahlen heute besonders", sagst du dir, während du in den Spiegel schaust. „Und meine Haut sieht richtig gut aus!" Nimm dir jeden Tag ein paar Minuten Zeit für diese Übung. Es geht nicht darum, den Spiegel zu deinem besten Freund zu machen, sondern darum, dich selbst besser zu sehen. Tu so, als wäre der Spiegel wie ein guter Freund, der dich ermutigt und dir Komplimente macht.

tagsüber...

"Vielleicht sollte ich die Spiegelübung einfach lassen. Es macht mich nur noch unsicherer", denkst du dir, als du einen Blick abends in den Spiegel riskierst. Aber dann denkst du daran, wie sehr du dir wünschst, dich endlich wohl in deiner Haut zu fühlen. Du willst diese negativen Gedanken loswerden, aber sie sind hartnäckig, fast wie ein altes Muster, das sich immer wieder einschleicht, wenn du in den Spiegel schaust.

neue Ausrichtung

Folgender Gedanke huscht durch deinen Kopf, während du weiter dein Spiegelbild betrachtest.: ‚Lass dich von ihm daran erinnern, dass du schön bist, genau so, wie du bist.' Es wird nicht jeder Tag ein Erfolgstag sein, aber mit jeder positiven Spiegelübung legst du einen Grundstein für mehr Selbstakzeptanz und Selbstliebe. Und irgendwann wirst du merken, dass das Spiegelbild weniger bedrohlich wirkt und du immer öfter mit einem Lächeln in den Tag startest.

am Abend...

Nachts, bevor du ins Bett gehst, wirfst du noch einen letzten Blick in den Spiegel. „Wieder ein Tag, an dem ich nicht alles geschafft habe, was ich mir vorgenommen habe", denkst du dir. Du betrachtest dein Gesicht und siehst nur die Spuren der Müdigkeit und die Schatten der Sorgen. „Wann werde ich endlich zufrieden sein?" Die Zweifel sind wieder da, stärker als zuvor. Sie flüstern dir ins Ohr, dass du mehr tun musst, um gut genug zu sein.

neue Ausrichtung

Aber halt! Bevor du schlafen gehst, nimm dir noch einmal ein paar Minuten Zeit für eine positive Spiegelübung. „Heute habe ich viel geleistet", sagst du dir und lächelst deinem Spiegelbild zu. „Ich bin stolz auf mich." Du streichst sanft über dein Gesicht und erinnerst dich daran, dass jeder Tag eine neue Chance ist. Du musst nicht perfekt sein. Du musst einfach nur du sein. Beende deinen Tag mit einem positiven Gedanken und einem Lächeln. Schließe Frieden mit deinem Spiegelbild und damit auch mit dir selbst. Morgen ist ein neuer Tag, und du wirst ihn mit einem Gefühl der Selbstliebe und Akzeptanz beginnen. Dein Spiegelbild wird dir dabei helfen, nicht deine Zweifel.

Am Ende des Tages haben wir immer die Wahl, welche Stimme wir in uns lauter werden lassen. Die negativen Gedanken, die uns runterziehen, oder die positiven, die uns aufbauen. Mit den Spiegelübungen auf der „guten" Seite kannst du beginnen, deine Perspektive zu ändern und dir selbst mehr Liebe und Anerkennung zu schenken.

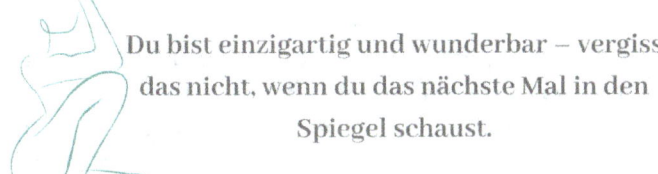

Du bist einzigartig und wunderbar – vergiss das nicht, wenn du das nächste Mal in den Spiegel schaust.

2.2 Bewegung, die Freude macht: Finde deinen Sport

Wie wäre es, wenn du deinen Tag mal ganz bewusst mit einem frischen Energieschub, der nicht nur deinen Körper, sondern auch deinen Geist in Schwung bringt startest? Klingt doch verlockend, oder? Keine Sorge, ich spreche hier nicht von einem Marathon vor dem Frühstück oder schweißtreibenden Fitnessübungen, die schon beim Gedanken daran Muskelkater auslösen. Vielmehr geht es darum, dir ganz bewusst Zeit für dich selbst zu nehmen, deinen Körper zu bewegen und dabei den Kopf frei zu bekommen. Es geht darum, vielleicht das zu finden, was dir Freude macht und dich in Bewegung bringt, ganz ohne Stress und mit einem guten Gefühl.

Der Tag beginnt früh am Morgen. Die Sonne hat sich gerade über den Horizont geschoben, und der Himmel ist in ein warmes, goldenes Licht getaucht. Du öffnest die Augen, streckst dich und spürst die Energie, die der neue Tag mit sich bringt. Warum nicht gleich mit einer kleinen Runde Joggen starten? Die frische Morgenluft füllt deine Lungen, und der Rhythmus deiner Schritte bringt deinen Geist zur Ruhe. Du läufst nur für dich selbst, ohne Druck, einfach weil es sich gut anfühlt. Dein Herz schlägt schneller, die Gedanken klären sich, und du merkst, wie gut es tut, einfach nur zu laufen. Nach dem morgendlichen Lauf steht das Frühstück an. Du nimmst dir die Zeit, es wirklich zu genießen, dich zu stärken und bereit für den nächsten Schritt zu sein: eine Runde Yoga. Du rollst deine Matte aus, vielleicht im Wohnzimmer oder, wenn du Glück hast, im Garten. Yoga ist so viel mehr als nur Dehnen und Strecken. Es ist eine Verbindung von Körper und Geist, eine Art, dich selbst zu spüren und zur Ruhe zu kommen. Du gleitest von der „herabschauenden Hund"-Pose in die „Krieger"-Pose und spürst, wie die Anspannung von dir abfällt. Diese Zeit gehört nur dir und du fühlst, wie sich dein Körper in der Stille und Ruhe der Übungen wieder auflädt. Die Bewegungen sind sanft, aber kraftvoll, und sie helfen dir, den Tag mit einem klaren Kopf und einem ruhigen Herzen anzugehen.

Gegen Mittag, vielleicht nach einem Vormittag voller Erledigungen oder Arbeit, könntest du eine kleine Fahrradtour einlegen. Es muss keine große Tour sein, einfach eine Runde um den Block oder zum nächsten Park. Das Fahrrad ist nicht nur ein Fortbewegungsmittel, sondern auch eine wunderbare Möglichkeit, dich in der Natur zu bewegen und dabei frische Luft zu schnappen. Egal, ob du durch die Stadt fährst, entlang eines Flusses oder durch den Wald. Das Radeln bringt dich in Bewegung und lässt dich den Wind im Gesicht spüren. Du merkst, wie die Sorgen des Alltags mit jedem Tritt in die Pedale ein bisschen leichter werden. Es geht nicht darum, wie schnell du fährst oder wie weit, sondern darum, dass du diese Zeit voll für dich genießen kannst. Am Nachmittag, wenn die Sonne hoch am Himmel steht und der Tag eine kleine Pause verlangt, wäre ein Besuch im Schwimmbad oder am See eine willkommene Abwechslung. Schwimmen ist wie Balsam für den Körper. Das Wasser trägt dein Gewicht und jede Bewegung fühlt sich leicht und fließend an. Du gleitest durch das kühle Nass, spürst, wie deine Muskeln arbeiten, aber auch wie die Anstrengung fast spielerisch wird. Schwimmen ist eine sanfte, aber unglaublich wirkungsvolle Art, den ganzen Körper zu trainieren. Es erfrischt und belebt, perfekt, um an einem warmen Tag die Hitze zu vertreiben und gleichzeitig etwas für dich selbst zu tun.

Wenn der Abend näher rückt und der Tag sich dem Ende zuneigt, wäre eine Runde Tanzen eine großartige Möglichkeit, den Tag ausklingen zu lassen. Ob du nun im Wohnzimmer zu deinem Lieblingssong abrockst oder zu einem ansprechenden Tanzvideo deine Hüften mitschwingst, tanzen ist pure Freude in Bewegung. Es lässt dich die Sorgen des Tages vergessen, bringt dich zum Lachen und sorgt dafür, dass du dich lebendig und frei fühlst. Die Musik, die Bewegungen, das Gefühl, dich einfach gehen zu lassen, all das macht Tanzen zu einer wunderbaren Art, dich selbst auszudrücken und gleichzeitig in Form zu bleiben. Alternativ kannst du dich zum Abschluss des Tages noch auf eine kleine Runde Stretching einlassen. Es ist eine entspannte Art, deinen Körper auf die Ruhe der Nacht vorzubereiten. Du dehnst deine Arme, Beine und den Rücken, nimmst ein paar tiefe Atemzüge und spürst, wie die Anspannung des Tages nachlässt. Stretching hilft dir, deinen Körper zu entspannen und lässt dich leichter und gelöster ins Bett fallen.

Dieser Tag gehört nur dir. Es ist nicht wichtig, wie viel du davon machst oder ob du alles ausprobierst. Es geht darum, dir bewusst Zeit für dich selbst zu nehmen und das zu tun, was dir Freude bereitet und dich in Bewegung bringt. Denn manchmal ist genau das, was wir am meisten brauchen, einfach ein bisschen Zeit für uns selbst.

Kapitel 7:
POSITIVE AFFIRMATIONEN IN DER PRAXIS

1. tägliche Affirmationsübungen

1. tägliche Affirmationsübungen

1.1 Wie du wirkungsvolle Affirmationen formulierst

Affirmationen, diese kurzen, positiven Aussagen, von denen du schon gelesen hast, scheinen auf den ersten Blick vielleicht wie ein bisschen Esoterik zu sein. Doch hinter ihnen steckt mehr, als man denkt! Tatsächlich gibt es wissenschaftliche Grundlagen, die erklären, warum diese funktionieren können und wie sie in verschiedenen Bereichen deines Lebens Anwendung finden können. Lass uns mal einen genaueren Blick darauf werfen.

Affirmationen basieren auf der Idee, dass unser Gehirn durch ständige Wiederholung von positiven Gedanken umprogrammiert werden kann. Dies nennt man neuronale Plastizität, die Fähigkeit des Gehirns, sich zu verändern und neue Verbindungen zu bilden. Wenn du dir also immer wieder sagst: „Ich bin stark und selbstbewusst", dann fängt dein Gehirn an, diese Information als „normal" und „wahr" zu betrachten. Je öfter du es wiederholst, desto tiefer wird diese Überzeugung verankert. Natürlich gibt es da noch mehr! Studien zeigen, dass Affirmationen tatsächlich das Selbstwertgefühl steigern können, insbesondere in stressigen Situationen. Wenn du dir selbst positive Botschaften sendest, aktiviert das Teile deines Gehirns, die für die Belohnungsverarbeitung zuständig sind, und kann so negative Gedanken und Selbstzweifel reduzieren.

Jetzt, wo du weißt, dass Affirmationen nicht nur heiße Luft sind, sondern tatsächlich auf wissenschaftlichen Prinzipien beruhen, schau dir mal an, wo und wie du sie anwenden kannst. Und ja, es geht hier nicht nur darum, dich morgens im Spiegel anzulächeln.

Mal angenommen, du bist im Berufsverkehr, es regnet, und dein Auto beschließt, mitten auf der Kreuzung den Geist aufzugeben. Dein erster Gedanke? „Oh nein, warum passiert das immer mir?!" Aber was wäre, wenn du stattdessen eine Affirmation parat hättest? Etwas wie: „Ich bleibe ruhig und finde eine Lösung." Wissenschaftlich gesehen hilft dir diese positive Selbstbestätigung, den Stresspegel zu senken und klarer zu denken. Dein Gehirn bekommt das Signal, dass alles in Ordnung ist, und statt in Panik zu geraten, kannst du dich auf die Problemlösung konzentrieren.

Auf der Arbeit kannst du Affirmationen nutzen, um dein Selbstvertrauen zu stärken. Vielleicht steht eine wichtige Präsentation an, und du fühlst dich etwas nervös. Anstatt dich selbst runterzumachen, indem du denkst, dass du nicht gut genug bist, könntest du dir sagen: „Ich bin gut vorbereitet und werde erfolgreich sein." Studien haben gezeigt, dass solche Affirmationen nicht nur das Selbstvertrauen stärken, sondern auch die Leistung verbessern können. Und wer weiß, vielleicht hörst du nach der Präsentation sogar, dass du den Job des Monats bekommst, oder zumindest einen Kaffee vom Chef spendiert.

Der Familienalltag ist manchmal eine Achterbahnfahrt. Die Kinder streiten sich, das Abendessen brennt an, und der Hund hat gerade den frisch gereinigten Teppich ruiniert. Hier können Affirmationen wahre Wunder wirken. Statt in die Küche zu stürmen und den Rauchmelder anzufauchen, kannst du tief durchatmen und dir sagen: „Ich bleibe gelassen, egal was passiert." Du wirst überrascht sein, wie oft diese einfache Aussage dich davor bewahren kann, die Nerven zu verlieren. Zusätzlich wird es deine Familie dir danken (auch wenn der Hund es vermutlich nicht merkt).

Selbst in der persönlichen Entwicklung spielen Affirmationen eine große Rolle. Ob du nun versuchst, ein neues Hobby zu erlernen, eine schlechte Angewohnheit abzulegen oder einfach nur positiver durchs Leben zu gehen, Eine positive Haltung kann dir helfen, auf Kurs zu bleiben. Ein Beispiel: Du hast dir vorgenommen, regelmäßig Sport zu treiben. Statt dich mit „Ich bin so faul, ich werde es nie schaffen" zu sabotieren, kannst du dir sagen: „Ich habe die Energie und den Willen, gesund und fit zu bleiben." Je öfter du das wiederholst, desto mehr wird es zur Realität.

Affirmationen sind also mehr als nur hübsche Sprüche. Sie basieren auf soliden wissenschaftlichen Erkenntnissen und können in vielen Bereichen deines Lebens eingesetzt werden: Vom Umgang mit Stress über den beruflichen Erfolg bis hin zum harmonischen Familienalltag und deiner persönlichen Entwicklung. Also, warum nicht mal ausprobieren? Das Schöne daran ist, dass du diese überall und jederzeit anwenden kannst. Sie kosten nichts, außer vielleicht ein wenig Überwindung und den Willen, sich selbst etwas Gutes zu tun. Denn am Ende des Tages gilt: Wer sich selbst positive Gedanken schenkt, hat mehr vom Leben, und das ist wissenschaftlich bewiesen!

1.2 5 Affirmationen als tägliches Ritual integrieren

Manchmal braucht es nur einen kleinen Satz, um uns daran zu erinnern, wie stark und fähig wir wirklich sind. Einfache, aber effektive Aussagen, die uns helfen, den Alltag mit einem positiven Mindset zu meistern. Dir werden nun fünf wirkungsvolle und leicht anwendbare Affirmationen vorgestellt, die dir in verschiedenen Situationen als mentale Stütze dienen können.

Affirmationen für den Moment, wenn das Chaos regiert

Dein Wohnzimmer sieht aus, als hätte ein Tornado vorbeigeschaut – Spielsachen überall, die Wäsche stapelt sich, und irgendwo dröhnt leise der Staubsauger, den du vorhin einfach stehen gelassen hast. Anstatt die Hände über dem Kopf zusammenzuschlagen, probiere mal folgende Affirmation: „Ich nehme das Chaos an und finde Freude im Unperfekten."

Ja, das klingt fast schon revolutionär, oder? Aber genau das ist der Punkt! Es muss nicht immer alles perfekt sein. Vielleicht findest du inmitten des Chaos ein vergessenes Lieblingsspielzeug, oder du entscheidest dich, die Aufräumaktion in ein kleines Spiel zu verwandeln – Gewinner bekommt eine extra Portion Eis zum Nachtisch!

Affirmationen für den Arbeitsstress

Der Chef hat gerade einen neuen Stapel Arbeit auf deinen Schreibtisch geknallt, während dein Posteingang überquillt und die Kaffeetasse seit Stunden leer ist. Du fühlst dich, als ob du jeden Moment in Panik geraten könntest. Zeit für eine kleine, aber wirkungsvolle Affirmation: „Ich meistere meine Aufgaben mit Leichtigkeit und Freude."

Okay, vielleicht lachst du beim ersten Mal, wenn du das sagst, aber das ist schon mal ein guter Anfang! Lachen setzt bekanntlich Endorphine frei, und mit ein wenig Selbstüberzeugung wirst du sehen, dass der Stapel Arbeit gar nicht so überwältigend ist. Und hey, die Pause für eine neue Tasse Kaffee hast du dir danach auf jeden Fall verdient.

Affirmationen für die persönlichen Zweifel

Kennst du das Gefühl, wenn der innere Kritiker mal wieder lautstark protestiert? „Du bist nicht gut genug", „Das wirst du nie schaffen", „Warum hast du das überhaupt angefangen? Solche Sätze kennt wohl jeder. Doch hier kommt deine neue Affirmation ins Spiel: „Ich vertraue meinen Fähigkeiten und gehe meinen Weg mit Zuversicht."

Es mag am Anfang ungewohnt sein, sich selbst so viel Vertrauen zu schenken, aber genau das ist der Schlüssel. Du wirst merken, wie diese Worte nach und nach an Macht gewinnen, wie sie den inneren Kritiker leiser werden lassen und dir den Mut geben, deine Ziele zu verfolgen, egal wie hoch die Hürden erscheinen mögen.

Affirmationen für die unerwarteten Herausforderungen

Das Leben hat manchmal die Angewohnheit, dir plötzlich einen Ball zuzuwerfen, den du nicht erwartet hast. Ein geplatzter Reifen auf dem Weg zur Arbeit, ein unerwarteter Streit mit einem lieben Menschen oder eine plötzliche Aufgabe, die dir alles abverlangt. In solchen Momenten hilft dir die Affirmation: „Ich bin flexibel und anpassungsfähig. Ich meistere jede Herausforderung mit Leichtigkeit."

Dieser Satz ermutigt dich, flexibel zu bleiben und dich den Herausforderungen anzupassen, ohne in Panik zu verfallen. Du bist in der Lage, unerwartete Situationen zu meistern

Affirmationen für den Moment, wenn du dich überfordert fühlst

Du hast eine To-do-Liste, die endlos scheint, und der Tag hat einfach nicht genug Stunden, um alles zu erledigen. In solchen Zeiten ist es leicht, den Überblick zu verlieren und sich überwältigt zu fühlen. Die Affirmation: „Ich gehe einen Schritt nach dem anderen und schaffe alles, was ich mir vornehme."

Diese Aussage hilft dir, dich zu fokussieren und dich daran zu erinnern, dass du nicht alles auf einmal erledigen musst. Schritt für Schritt kommst du ans Ziel und am Ende des Tages wirst du stolz auf das sein, was du erreicht hast.

2. Alternativen zu klassischen Affirmationen

2.1 4 Visualisierungstechniken

Visualisierungstechniken sind mentale Übungen, bei denen du dir bestimmte Szenarien, Ziele oder Ergebnisse bildlich vorstellst. Es geht darum, deine Vorstellungskraft zu nutzen, um dir eine bestimmte Situation oder ein Ziel so lebendig und detailliert wie möglich vor Augen zu führen. Diese Technik wird häufig eingesetzt, um Motivation zu steigern, Stress zu reduzieren oder um sich auf Herausforderungen vorzubereiten. Wissenschaftliche Studien zeigen, dass das Gehirn auf diese mentalen Bilder ähnlich reagiert wie auf tatsächliche Erlebnisse. Das bedeutet, dass du durch Visualisierung dein Gehirn darauf vorbereiten kannst, in realen Situationen besser zu reagieren.

Ein einfaches Beispiel: Stell dir vor, du bereitest dich auf eine wichtige Online-Präsentation vor. Anstatt einfach nur darüber nachzudenken, kannst du dir genau vorstellen, wie du vor dem Publikum stehst, ruhig und selbstbewusst sprichst und deine Punkte überzeugend darlegst. Du siehst, wie die Zuhörer nicken, „Daumen hoch" in den Chat schicken und interessiert sind. Indem du diese Situation mental durchspielst, „trainierst" du dein Gehirn darauf, in der echten Präsentation ruhig und sicher zu bleiben.

4 Situationen, in denen vielleicht eine Visualisierungstechnik zum Einsatz kam

Jetzt wollen wir sehen, ob du in den folgenden Situationen erkennst, ob eine Visualisierungstechnik angewendet wurde oder nicht. Lies die Beschreibungen genau durch und wäge deine Entscheidung gut ab.

Situation 1:

Es ist Montagmorgen und du fühlst dich noch etwas müde, aber du hast ein wichtiges Meeting vor dir. Bevor du ins Büro fährst, setzt du dich mit einem Kaffee an den Küchentisch und stellst dir das Meeting im Detail vor. Du siehst, wie du den Raum betrittst, die Präsentation startest und wie deine Kollegen aufmerksam zuhören. Du stellst dir vor, wie du jede Frage souverän beantwortest und am Ende positive Rückmeldungen erhältst. Mit einem Gefühl der Sicherheit machst du dich auf den Weg ins Büro.

Situation 2:

Du hast dir vorgenommen, mehr Sport zu treiben, aber heute Morgen fühlst du dich einfach nicht danach. Stattdessen schnappst du dir das Handy und scrollst durch soziale Medien. Dabei siehst du ein paar inspirierende Fitness-Posts, aber du legst das Handy beiseite und beschließt, es heute einfach ruhig anzugehen. Du machst dir keine weiteren Gedanken und genießt stattdessen dein Frühstück.

Situation 3:

Es ist Samstagmorgen und du hast dich entschlossen, deine Laufstrecke zu erweitern. Bevor du losläufst, setzt du dich für einen Moment hin und stellst dir die neue Strecke vor. Du siehst vor deinem inneren Auge, wie du die zusätzlichen Kilometer mühelos bewältigst, die Bäume und den Fluss entlangläufst und mit einem glücklichen, erschöpften Lächeln nach Hause zurückkehrst. Diese mentale Vorbereitung gibt dir das Vertrauen, die Herausforderung anzugehen.

Situation 4:

Du stehst in der Küche und bereitest das Abendessen vor, während deine Gedanken abschweifen. Du denkst darüber nach, was morgen alles zu erledigen ist, und fühlst einen leichten Druck im Kopf. Ohne groß darüber nachzudenken, kochst du weiter und beschließt, den

Rest des Abends einfach gemütlich auf der Couch zu verbringen, ohne an den nächsten Tag zu denken.

Auflösung

Und, konntest du erkennen, wo Visualisierungstechniken zum Einsatz kamen? Hier kommt die Auflösung:

- **Situation 1: Ja, es kam zu einer Visualisierung.** Du hast dir das Meeting und dessen erfolgreichen Verlauf vorgestellt, um dich mental darauf vorzubereiten.
- **Situation 2: Nein, es kam zu keiner Visualisierung.** Du hast keine bewusste Vorstellung genutzt, sondern einfach die Entscheidung getroffen, es ruhig angehen zu lassen.
- **Situation 3: Ja, es kam zu einer Visualisierung.** Du hast dir die neue Laufstrecke und das Gefühl, sie erfolgreich zu bewältigen, bildlich vorgestellt.
- **Situation 4: Nein, es kam zu keiner Visualisierung.** Deine Gedanken waren woanders, und du hast den Abend ohne bewusste mentale Vorbereitung ausklingen lassen.

Visualisierungstechniken sind kraftvolle Möglichkeiten, die dir helfen können, dich mental auf Herausforderungen vorzubereiten, deine Ziele zu erreichen und dein Selbstvertrauen zu stärken. Sie sind in vielen Alltagssituationen anwendbar, sei es beim Sport, bei der Arbeit oder einfach, um den Tag ruhig und fokussiert zu starten. Es ist spannend zu sehen, wie dein Gehirn auf diese inneren Bilder reagiert und dich auf den richtigen Weg bringt. Vielleicht hast du ja Lust, es selbst einmal auszuprobieren? Wer weiß, welche Ziele du erreichen kannst, wenn du sie dir erst einmal lebendig vorstellst!

2.2 Positives Selbstgespräch im Alltag

Manchmal brauchen wir alle ein bisschen Zuspruch, eine ermutigende Stimme, die uns durch den Tag begleitet und uns daran erinnert, dass wir fähig, stark und wunderbar sind, selbst wenn der Alltag uns ein paar Stolpersteine in den Weg legt. Diese Stimme ist in jedem von uns vorhanden, auch wenn sie manchmal leise wird oder von den lauteren, kritischen Gedanken übertönt wird. Sie hat immer einen ermutigenden Kommentar parat hat und hilft dir, das Leben mit einem Augenzwinkern zu nehmen. Lass uns mal hören, was sie zu sagen hat!

Deine innere Stimme als Mutmacher

„Na, hallo! Ich sehe, du hast heute schon einiges hinter dir. Dass du es überhaupt geschafft hast, ohne über das Spielzeug im Flur zu stolpern, das ist doch schon mal ein Erfolg, oder? Ich meine, wer hätte gedacht, dass ausgerechnet dieses winzige Bauteil einer Spielzeugfigur die perfekte Stolperfalle sein könnte? Aber hey, du hast es gemeistert!

Und jetzt stehst du in der Küche, der Wasserkocher blubbert, und du siehst die Wäscheberge auf dich zukommen, die noch sortiert werden müssen. Aber weißt du was? Du bist ein Multitasking-Talent! Du hast schon ganz andere Berge erklommen, und auch diesen wirst du mit links erledigen. Vielleicht nimmst du dir aber erstmal eine kleine Auszeit, schnappst dir eine Tasse Tee und setzt dich für einen Moment. Genau, atme tief durch. Der Tee schmeckt doch gleich doppelt so gut, wenn du dir eine kleine Pause gönnst, oder?

Ach, und dann ist da noch das Mittagessen. Du bist dir unsicher, ob du heute wirklich Lust hast, wieder was Gesundes auf den Tisch zu bringen? Ich sag dir was: Egal, ob du dich für einen Salat oder die Pizza aus dem Tiefkühler entscheidest, du machst das genau richtig. Manchmal braucht man einfach ein bisschen Komfort-Essen, und das ist völlig okay. Hauptsache, du genießt es und machst dir keinen Kopf darum, was die Ernährungspolizei dazu sagen könnte.

Und dann der Nachmittag: Die Kinder kommen nach Hause und plötzlich bricht das Chaos los. Schuhe fliegen in die Ecke, Rucksäcke landen auf dem Boden, und die Keksdose wird geplündert, bevor du überhaupt Hallo sagen kannst. Aber hey, das zeigt doch nur, wie lebendig es bei euch zugeht! Statt dich über das Chaos zu ärgern, mach dir bewusst, dass dies die Momente sind, die das Leben ausmachen. Ein bisschen Durcheinander gehört doch dazu, oder?

Schließlich wird es dann irgendwann Abends. Du hast den Tag überstanden, und ehrlich gesagt, das hast du großartig gemacht! Vielleicht hast du nicht alles auf deiner To-do-Liste abgehakt, aber weißt du was? Das ist okay. Was zählt, ist, dass du den Tag gemeistert hast, mit allen Höhen und Tiefen, mit all dem Lachen und den kleinen Frustmomenten. Und wenn du jetzt noch einen Moment findest, um dich zu entspannen, sei es mit einem Buch, einer Serie oder einfach nur mit einem tiefen Atemzug auf der Couch, dann bist du wirklich ein Held des Alltags.

Also, ich bin stolz auf dich. Hier und da hast du improvisiert, aber am Ende zählt doch nur, dass du dein Bestes gegeben hast. Wir sind ein Team, du und ich. Und gemeinsam schaffen wir auch die nächste Runde, egal, was da kommen mag!"

Die innere positive Stimme oder auch das positive Selbstgespräch kann dein treuer Begleiter sein, der dich durch die kleinen und großen Herausforderungen des Alltags begleitet. Sie hilft dir, das Leben mit einem Lächeln zu nehmen, selbst wenn das Chaos regiert. Also, hör öfter mal auf diese Stimme, lass dich von ihr ermutigen und erinnere dich daran, dass du jeden Tag aufs Neue alles gibst!"

Kapitel 8:
NEIN SAGEN LERNEN

1. Die Bedeutung von Grenzen setzen

1. Die Bedeutung von Grenzen setzen

1.1 Warum Grenzen wichtig für deine Gesundheit sind

Grenzen setzen, das klingt oft leichter gesagt als getan. Viele von uns jonglieren täglich mit unzähligen Aufgaben, Verpflichtungen und Erwartungen, und da kann es schnell passieren, dass die eigenen Bedürfnisse auf der Strecke bleiben. Doch wie wichtig ist es eigentlich, im Alltag klare Grenzen zu ziehen? Und was passiert, wenn man genau das nicht tut? Dieses Thema möchten wir genauer beleuchten und haben dafür zwei ganz unterschiedliche Perspektiven eingefangen. Unser erster Gesprächspartner könnte zum Beispiel ein guter Bekannter von dir sein, der immer unter Strom steht und selten eine Pause einlegt. Er erzählt uns, wie sein Alltag aussieht und welche Herausforderungen er dabei erlebt. Das ist unsere Person A. Auf der anderen Seite haben wir eine lockere Freundin oder Freund von dir, der oder die gelernt hat, wie wichtig es ist, Grenzen zu setzen und sich selbst nicht zu überfordern. Das stellt dann unsere Person B dar. Beide haben wir zu denselben Themen befragt und die Antworten könnten unterschiedlicher nicht sein.

Interviewer: Fangen wir mal an. Was machst du so am meisten im Alltag? Wie sieht ein typischer Tag bei dir aus?

Person A: Oh, das ist einfach! Mein Tag fängt früh an, und dann geht's eigentlich nur noch im Dauerlauf weiter. Ich bin ständig unterwegs, sei es zur Arbeit, zu Besorgungen, um die Kinder von A nach B zu bringen, oder um Freunde und Familie zu treffen. Zeit für Pausen? Fehlanzeige! Ich meine, wer hat schon Zeit, sich auszuruhen, wenn es so viel zu tun gibt?

Person B: Bei mir sieht es da ein wenig anders aus. Klar, ich habe auch meine Aufgaben und Verpflichtungen, aber ich plane meinen Tag so, dass ich immer wieder kleine Pausen einlegen kann. Morgens genieße ich meine 10 Minuten Ruhe, bevor der Trubel losgeht. Und zwischendurch nehme ich mir immer mal wieder Zeit zum Durchatmen. Das gibt mir die Energie, die ich für den Rest des Tages brauche.

Interviewer: Und was sind deine Hobbys? Wie verbringst du deine Freizeit?

Person A: Freizeit? Haha, was ist das? Ich habe so viel auf dem Zettel, dass ich eigentlich kaum Zeit für Hobbys habe. Wenn ich mal ein paar Minuten übrig habe, dann checke ich meine Mails oder organisiere den nächsten Tag. Irgendwie bleibt da keine Zeit für echte Hobbys.

Person B: Ich liebe es, in meiner Freizeit kreativ zu sein. Ich male gerne, gehe spazieren oder lese ein gutes Buch. Diese Aktivitäten helfen mir, abzuschalten und den Kopf frei zu bekommen. Ich glaube, es ist wichtig, sich bewusst Zeit für Dinge zu nehmen, die einem Freude bereiten, damit man im Alltag nicht ausbrennt.

Interviewer: Wie entspannst du dich? Gibt es da bestimmte Rituale oder Methoden, die du nutzt?

Person A: Entspannen? Das ist schwer. Ich meine, wenn ich versuche, mich zu entspannen, denke ich meistens schon an die nächste Aufgabe, die auf mich wartet. Ich sage mir immer, dass ich später entspannen kann, wenn alles erledigt ist, aber irgendwie ist „später" nie.

Person B: Entspannung ist für mich ein fester Bestandteil meines Alltags. Ich habe mir angewöhnt, abends eine kleine Meditations- oder Atemübung zu machen, um den Tag abzuschließen. Auch ein warmes Bad oder eine kurze Yoga-Session können Wunder wirken. Diese Rituale helfen mir, den Tag hinter mir zu lassen und mich auf mich selbst zu konzentrieren.

Interviewer: Wie wichtig findest du es, im Alltag Grenzen zu setzen?

Person A: Grenzen? Es gibt so viel, was erledigt werden muss, und ich will niemanden enttäuschen. Also sage ich meistens „Ja" zu allem, auch wenn ich merke, dass ich selber an meine Grenzen komme.

Person B: Grenzen sind absolut nötig. Ich habe gelernt, dass ich nur dann für andere da sein kann, wenn ich auch auf mich selbst achte. Das bedeutet, dass ich auch mal „Nein" sage, wenn ich merke, dass es zu viel wird. Ich glaube, das hat viel mit Selbstfürsorge zu tun, zu wissen, wann man genug hat und sich erlaubt, eine Pause einzulegen.

Dieses kleine Interview zeigt eindrücklich, wie unterschiedlich der Alltag aussehen kann, je nachdem, ob man seine eigenen Grenzen respektiert oder ständig darüber hinausgeht. Während Person A ständig unter Strom steht und sich selbst kaum eine Pause gönnt, hat Person B erkannt, wie wichtig es ist, auf sich selbst zu achten und Grenzen zu setzen.

Grenzen sind nicht nur ein Zeichen von Selbstfürsorge, sondern auch gut für die langfristige Gesundheit. Sie helfen dir, in Balance zu bleiben, Stress abzubauen und letztendlich mehr Energie für die wirklich wichtigen Dinge im Leben zu haben. Dein Körper und dein Geist werden es dir danken!

1.2 Wie du 7 klare und respektvolle Grenzen setzt

Manchmal braucht es nur einen Tag, um zu spüren, wie wertvoll es ist, auf die eigenen Bedürfnisse zu hören und sich selbst Grenzen zu setzen. So ein Samstag, an dem man bewusst entscheidet, was man tut und was man lieber lässt, kann Wunder für das eigene Wohlbefinden wirken. Was passiert, wenn man sich mal selbst an die erste Stelle setzt und sich von den Erwartungen anderer löst? Genau das wirst du in der folgenden Geschichte ausprobieren. Du stellst dir einen kleinen Ausflug an einem Samstag vor, in dem du in verschiedenen Situationen bewusst Grenzen setzt. Die Geschichte ist so beschrieben, dass du sie direkt selber erlebst.

Es ist Samstagmorgen, und ich wache ohne Wecker auf, was für ein Luxus! Der Tag liegt vor mir wie ein leeres Blatt Papier, und ich habe mir vorgenommen, heute mal alle Fünfe gerade sein zu lassen. Keine Kompromisse, keine unnötigen Verpflichtungen. Ich will sehen, wie es sich anfühlt, mal nur auf mich zu hören.

Erster Halt: Das Frühstück. Normalerweise bin ich diejenige, die samstags für alle Frühstück macht. Doch heute entscheide ich mich, dass ich mal nur für mich koche. Ein köstliches Omelett mit allem, was mir schmeckt, ohne Rücksicht auf den Geschmack der anderen. Die Familie schaut zwar etwas verwirrt, aber ich lächle nur und genieße mein Frühstück und meinen ersten kleinen Sieg des Tages. Nach dem Frühstück schnappe ich mir mein Buch und mache es mir auf dem Sofa gemütlich. Normalerweise würde ich jetzt beginnen, die Wäsche zu sortieren, aber heute nicht. Heute ist Lesestunde. Die Wäsche kann warten, die läuft mir ja schließlich nicht weg. Das Buch hingegen, das mich in eine andere Welt entführt, ist genau das, was ich jetzt brauche. Ich lehne mich zurück, lasse mich von den Seiten verschlingen und fühle mich herrlich entspannt.

Mittags bekomme ich eine Nachricht von einem Bekannten, ob wir uns auf einen schnellen Kaffee treffen können. In der Vergangenheit hätte ich reflexartig „Ja" gesagt, aber heute spüre ich, dass ich lieber etwas Zeit für mich hätte. Also antworte ich freundlich, aber bestimmt, dass es heute nicht passt, und fühle mich überraschend befreit. Ich muss nicht überall dabei sein, und das ist völlig in Ordnung. Nachmittags beschließe ich, spazieren zu gehen. Einfach mal raus, ohne Ziel, nur um frische Luft zu schnappen. Dabei komme ich an einem kleinen Laden vorbei, in dem es die schönsten Pflanzen gibt. Normalerweise würde ich jetzt reingehen und mindestens zwei neue Pflanzen mit nach Hause schleppen – obwohl ich gar keinen Platz mehr auf der Fensterbank habe. Doch heute halte ich an der Tür inne und denke: „Eigentlich reicht das Grün, das ich schon habe." Und so laufe ich weiter, stolz darauf, eine Grenze gesetzt zu haben – für mein Zuhause und für mein Konto.

Zurück zu Hause schlüpfe ich in meine Jogginghose und beschließe, es mir richtig gemütlich zu machen. Doch dann kommt das schlechte Gewissen: „Solltest du nicht noch schnell das Wohnzimmer aufräumen?" Aber heute nicht. Heute genieße ich den Anblick des gemütlichen Chaos, das irgendwie auch Charme hat. Die Kissen liegen verstreut, eine Decke hängt halb vom Sofa – perfekt für einen faulen Nachmittag. Ich lasse es so, wie es ist, und kuschle mich zufrieden ein

Am Abend steht noch ein Videoanruf mit Freunden an. Normalerweise dauert dieser Anruf ewig, aber heute habe ich mir vorgenommen, die Zeit zu begrenzen. Ich sage gleich am Anfang, dass ich mich später noch entspannen möchte, und beende das Gespräch nach einer angemessenen Zeit, ohne schlechtes Gewissen. Es ist wichtig, dass ich auch Zeit für mich selbst habe.

Zum Schluss beschließe ich, den Tag mit einem langen, heißen Bad abzurunden. Keine Eile, kein Gedanke an das, was morgen vielleicht ansteht. Einfach nur ich und das warme Wasser. Ich lasse den Tag Revue passieren und lächle. Es fühlt sich gut an, Grenzen zu setzen und Raum für sich selbst zu schaffen. Vielleicht ist das nicht immer einfach, aber es ist definitiv wertvoll und ich bin stolz auf mich, dass ich es heute so durchgezogen habe.

Der Samstag neigt sich dem Ende zu, und ich gehe mit einem guten Gefühl ins Bett. Dieser Tag war nur für mich – und das werde ich auf jeden Fall öfter machen.

2. Übungen zum Nein sagen lernen

2.1 Rollenspiele zur Grenzsetzung

Manchmal ist es gar nicht so einfach, im richtigen Moment „Nein" zu sagen – vor allem, wenn die Bitte von jemandem kommt, der uns wichtig ist. Um das Nein-Sagen zu üben, wirst du in verschiedene Situationen gesetzt. Am Ende jeder Situation hast du die Gelegenheit, selbst zu entscheiden, ob du „Nein" sagen möchtest und warum.

Wenn die Kinder etwas wollen

Es ist Samstagnachmittag, und du hast dich gerade mit einer Tasse Tee und deinem Lieblingsbuch aufs Sofa gesetzt, um ein wenig zu entspannen. Genau in diesem Moment kommen die Kinder hereingestürmt, strahlend und voller Energie.

Kind 1: „Mama/Papa, wir wollen heute unbedingt ins Schwimmbad! Du hast doch gesagt, dass wir bald mal wieder gehen, und heute ist das Wetter perfekt! Können wir bitte jetzt sofort losfahren?"

Kind 2: „Ja, bitte! Und wir wollen auch noch Pommes danach!"

Du schaust auf dein Buch und spürst, wie die Spannung in dir aufsteigt. Es wäre so schön, einfach hier zu bleiben und die Ruhe zu genießen. Aber die Kinder sehen so begeistert aus…

Überlege: Sollst du hier „Nein" sagen und den Kindern erklären, dass heute ein ruhiger Tag für dich ist? Oder gibst du nach und packst die Badetasche?

Zeit für deine Gedanken. Nimm dir Zettel und Stift zur Hand und notiere deine Gedanken dazu.

Der Partner hat Freunde eingeladen…

Es ist Freitagabend, und du hattest eine lange Woche. Endlich sitzt du gemütlich auf dem Sofa, in deine Lieblingsdecke eingekuschelt, und freust dich auf einen ruhigen Abend. Dein Partner kommt herein und setzt sich neben dich.

Partner: „Schatz, ich habe gerade erfahren, dass heute Abend noch ein paar Freunde vorbeikommen wollen. Es wird sicher lustig! Kannst du noch schnell ein paar Snacks vorbereiten? Und übrigens, der Geschirrspüler muss auch noch ausgeräumt werden." Du hörst das Wort „Freunde" und deine Gedanken rasen. Du hast dich so auf einen ruhigen Abend gefreut, aber du willst auch niemanden enttäuschen. Snacks vorbereiten? Noch mehr Trubel, obwohl du dich auf Ruhe eingestellt hast?

Überlege: Ist dies der Moment, um „Nein" zu sagen und deinem Partner zu erklären, dass du heute Abend Ruhe brauchst? Oder schwingst du dich auf und bereitest alles vor?

Zeit für deine Gedanken. Nimm dir Zettel und Stift zur Hand und notiere deine Gedanken dazu.

Der Chef hat da noch Arbeit

Es ist Donnerstagnachmittag, und du hast gerade die letzten Aufgaben für den Tag erledigt. Dein Wochenende ist bereits geplant, und du freust dich auf eine wohlverdiente Pause. In diesem Moment kommt dein Chef zu dir ins Büro.

Chef: „Du, ich weiß, es ist kurzfristig, aber wir haben ein wichtiges Projekt, das bis Montag fertig sein muss. Kannst du dir das Wochenende frei halten und ein paar Überstunden einlegen, damit wir das rechtzeitig abschließen? Es wäre wirklich wichtig."

Dein Herz sackt ein wenig in die Hose. Du hattest dich so auf das Wochenende gefreut. Keine Arbeit, nur Entspannung und Zeit für dich. Aber dein Chef wirkt besorgt, und es klingt so, als wäre es wirklich dringend.

Überlege: Wirst du hier „Nein" sagen und deine Wochenendpläne verteidigen? Oder sagst du „Ja" und opferst deine freie Zeit für das Projekt?

Zeit für deine Gedanken. Nimm dir Zettel und Stift zur Hand und notiere deine Gedanken dazu.

Nein zu sagen ist nicht immer leicht, vor allem nicht in Situationen, in denen wir das Gefühl haben, andere zu enttäuschen oder uns selbst hinten anstellen zu müssen. Aber „Nein" zu sagen ist auch ein wichtiger Akt der Selbstfürsorge. Es bedeutet, dass du deine eigenen Bedürfnisse ernst nimmst und sie in den Vordergrund stellst. Manchmal ist es okay, die eigenen Grenzen zu verteidigen – sei es gegenüber den Kindern, dem Partner oder dem Chef. Diese Situationen fordern dich heraus, aber sie geben dir auch die Gelegenheit, zu üben, auf dich selbst zu hören. Denn letztlich ist es dein Wohlbefinden, das zählt.

2.2 Reflexion über gesetzte Grenzen

Manchmal braucht es nur einen Moment der Reflexion, um herauszufinden, ob wir die richtigen Entscheidungen für uns selbst treffen. In den vorherigen Beiträgen haben wir uns intensiv damit beschäftigt, wie und warum es wichtig ist, im Alltag Grenzen zu setzen, sei es im Umgang mit den Kindern, dem Partner oder bei der Arbeit. Doch wie sieht es wirklich in deinem Alltag aus? Hast du es geschafft, die eigenen Grenzen zu verteidigen? Oder gab es Situationen, in denen du dich doch wieder über deine eigenen Bedürfnisse hinweggesetzt hast? Um dir selber einige dieser Fragen zu beantworten, nimm dir einen Moment Zeit, um zurückzublicken.

Hast du schon mal eine Situation erlebt, in der du dir vorgenommen hast, „Nein" zu sagen, es aber dann doch nicht getan hast? Vielleicht dachtest du, dass es einfacher ist, nachzugeben, oder du hattest Angst, jemandem vor den Kopf zu stoßen. Wie hat sich das im Nachhinein angefühlt? Hattest du das Gefühl, dass du etwas von dir selbst aufgegeben hast?

Fragen, die du dir selbst stellen kannst:

- **War es für dich herausfordernd, Grenzen zu setzen?**

    Denke zurück an die Rollenspiele. Gab es eine Situation, die dir besonders schwergefallen ist? Wenn ja, warum?

- **Wie hast du dich nach dem Setzen einer Grenze gefühlt?**

    War da Erleichterung, Stolz oder vielleicht ein wenig Unsicherheit? Vielleicht war es eine Mischung aus allem. Wie lange hat dieses Gefühl angehalten?

- **Wie oft passiert es im Alltag, dass du deine eigenen Bedürfnisse hintenanstellst?**

    Sind es äußere Umstände oder innere Überzeugungen, die dich davon abhalten, Nein zu sagen? Welche davon könntest du in Zukunft ändern?

- **Glaubst du, dass du dir selbst genug Raum für Erholung und Entspannung gibst?**

    Es ist leicht, sich im Alltag zu verlieren, aber nimmst du dir auch regelmäßig Zeit für dich selbst? Wie könntest du mehr davon in dein Leben integrieren?

- **Welche kleinen Schritte könntest du unternehmen, um besser auf deine Grenzen zu achten?**

    Vielleicht gibt es kleine Momente im Alltag, in denen du üben könntest, „Nein" zu sagen, sei es beim Abgeben einer Aufgabe, die nicht in deinen Zeitplan passt, oder beim Einfordern von Ruhe, wenn du sie brauchst.

Es ist wichtig, ehrlich zu sich selbst zu sein, auch wenn das bedeutet, dass du erkennst, wo du noch an dir arbeiten kannst. Vielleicht wirst du feststellen, dass du schon viel erreicht hast. Das ist etwas, worauf du stolz sein kannst. Oder du merkst, dass es noch Raum für Verbesserungen gibt. Auch das ist gut, denn es gibt dir die Möglichkeit, bewusst Veränderungen anzugehen.

Das Setzen von Grenzen ist kein einmaliger Akt, sondern ein fortlaufender Prozess. Es ist ein Zeichen von Selbstliebe und Respekt vor den eigenen Bedürfnissen. Du verdienst es, gut auf dich zu achten und deine Grenzen zu verteidigen. Also nimm dir die Zeit darüber nachzudenken, wie du dich in den letzten Situationen gefühlt hast und überlege, wie du in Zukunft noch besser für dich selbst einstehen kannst.

Dein Wohlbefinden steht an erster Stelle und das ist nichts, wofür du dich entschuldigen musst.

Kapitel 9:
PRAKTISCHE ACHTSAMKEITSÜBUNGEN

1. Achtsamkeitsübungen für den Alltag

1. Achtsamkeitsübungen für den Alltag

1.1 Atemübungen für mehr Gelassenheit

Der Wecker klingelt. Es ist 6:30 Uhr, und du schlägst die Augen auf. Schon wieder Montag, denkst du dir. Ein tiefer Atemzug wäre jetzt nicht schlecht, bevor das Chaos des Tages beginnt. Willkommen in einem typischen Alltag. Lass uns mal schauen, wie du in verschiedenen Situationen des Tages durch einfaches Atmen die Ruhe bewahren kannst – mit einem entsprechenden Augenzwinkern.

Morgens: Der Wecker und die erste Herausforderung

Der Wecker klingelt. Du möchtest am liebsten noch ein paar Minuten weiterschlafen, aber das grelle Piepen zwingt dich aus dem Bett. Noch bevor du deine Füße auf den kalten Boden setzt, nimm dir einen Moment und atme tief durch. Einatmen – 1, 2, 3 – und ausatmen. Stell dir vor, du atmest alle Müdigkeit aus deinem Körper heraus. Na, schon etwas wacher?

Jetzt bist du bereit für das erste Abenteuer des Tages: das Frühstück für die Kinder vorzubereiten, ohne dass der Toaster explodiert oder der Saft überläuft.

Vormittags: Der unerwartete Anruf

Es ist 10 Uhr, und du sitzt gerade am Schreibtisch, als das Telefon klingelt. Es ist dein Chef, der eine „kurze" Rücksprache braucht, die sich natürlich zu einer halbstündigen Diskussion über das nächste Projekt ausweitet. Dein Puls steigt, und du merkst, wie der Stress dich langsam überkommt. Hier hilft nur eins: Atmen!

Atme tief ein und zähle dabei langsam bis vier. Halte den Atem für einen Moment und atme dann langsam wieder aus, während du bis sechs zählst. Stell dir vor, du bläst alle stressigen Gedanken wie kleine Papierschiffchen weg. Der Chef redet weiter, aber du bleibst ruhig – du hast die Kontrolle.

Mittags: Die Einkaufstour

Es ist Mittagszeit, und du bist im Supermarkt, um schnell noch ein paar Dinge zu besorgen. Natürlich ist die Schlange an der Kasse kilometerlang, und der Kassierer scheint heute besonders gründlich zu arbeiten. Du spürst, wie sich der Stress in deinem Nacken aufbaut. Was jetzt? Richtig, atmen!

Atme tief ein, während du in Gedanken die Regale im Laden durchgehst, die du noch besuchen musst. Atme aus und stell dir vor, wie der Ärger wie eine Wolke verschwindet. Du hast es nicht eilig – du bist ein Zen-Meister mitten im Supermarkt. Und hey, vielleicht entdeckst du in dieser Entspannung sogar ein neues Lieblingsprodukt im Regal nebenan!

Nachmittags: Das große Kinderspektakel

Die Kinder sind aus der Schule zurück und haben Energie für fünf. Sie toben durchs Haus, spielen Fangen und hinterlassen dabei eine Spur aus zerstreutem Spielzeug und verschüttetem Saft. Du bist kurz davor, die Fassung zu verlieren – aber Moment, was war das nochmal? Genau, einmal eine Atempause machen.

Atme tief ein, während du bis vier zählst, und atme dann langsam aus. Stell dir vor, du atmest einen kühlen, beruhigenden Wind ein, der die Unruhe wegfegt. Die Kinder toben weiter, aber du lächelst – du bist die Ruhe selbst, während du an den letzten Urlaub am Meer denkst.

Abends: Der Endspurt

Es ist dann schließlich 20 Uhr und die Kinder liegen endlich im Bett. Du setzt dich auf die Couch und möchtest einfach nur die Füße hochlegen. Doch dein Partner hat noch Lust mit dir über belangloses zu plappern, während du einfach nur abschalten willst. Aber bevor du ins „Bist du jetzt fertig?" übergehst, erinnerst du dich an deine Atemübung.

Schließe die Augen, atme tief ein und atme langsam wieder aus. Stell dir vor, wie der Tag langsam ausklingt, während du Ruhe und Gelassenheit einatmest. Dein Partner erzählt weiter, und du bist ganz entspannt – die Herausforderungen des Tages liegen hinter dir.

Atmen ist mehr als nur ein Überlebensmechanismus – es ist dein bester Freund in hektischen Momenten. Durch bewusste Atemübungen kannst du im stressigen Alltag immer wieder zu deiner inneren Ruhe zurückfinden. Ob beim morgendlichen Weckerklingeln, im Supermarkt oder während des abendlichen Gesprächs mit deinem Partner – atme tief ein, nimm den Tag mit Humor und finde Gelassenheit in jeder Situation. Du wirst sehen, wie viel entspannter dein Alltag wird, wenn du dir immer wieder bewusst Zeit nimmst, um durchzuatmen.

1.2 Achtsames Essen: Genuss statt Eile

Für dieses Thema haben wir ein ganz besonderes Rezept für dich parat. Aber keine Sorge, es ist nicht irgendein Rezept für einen Kuchen oder ein Drei-Gänge-Menü. Nein, heute geht es um ein Rezept, das nicht nur deine Magen, sondern vor allem deine Seele nährt. Denn mal ehrlich, wie oft hast du dein Mittagessen runtergeschlungen, während du gleichzeitig die To-do-Liste im Kopf durchgehst? Zeit, das zu ändern!

Mit unserem „Rezept für achtsames Essen" laden wir dich ein, das Essen wieder als das zu erleben, was es sein sollte: ein Genuss, eine Freude und ein Moment der Ruhe im oft hektischen Alltag. Also, schnapp dir die Zutaten, zieh dir die Kochschürze an – und tauch ein in die Kunst des achtsamen Essens. Das Ergebnis wird dir nicht nur schmecken, sondern dir auch eon Lächeln auf den Lippen bringen:

Zutaten:

- 1 Portion frische Aufmerksamkeit (direkt aus dem eigenen Kopf, gut sortiert)
- 2 Esslöffel langsames Kauen (bitte kein Schnellprogramm verwenden)
- 3 Handvoll Zeit (gerne großzügig dosieren)
- 1 Prise Dankbarkeit (direkt vom Herzen, nicht aus dem Supermarktregal)
- Eine großzügige Portion Genuss (nach Belieben verfeinern)
- Eine Messerspitze Humor (unverzichtbar, um die Schwere rauszunehmen)

Zubereitung:

1. **Vorbereitung:** Starte mit der Portion „frische Aufmerksamkeit". Setze dich an den Tisch, und zwar richtig. Kein Essen im Stehen, kein Happen hier und da, während du noch schnell die E-Mails checkst. Nein, setz dich hin, leg dein Handy weg, und schau dir das Essen vor dir wirklich mal an. Die Farben, die Texturen – das alles ist Teil des „Vorbereitungsprozesses". Gib dem Essen die Aufmerksamkeit, die es verdient. Es hat einen langen Weg hinter sich, um auf deinem Teller zu landen!

   Anmerkung: Manchmal sieht das Essen so gut aus, dass man es am liebsten gleich fotografieren und teilen möchte. Aber hey, vielleicht erst nach dem ersten Bissen? Erinnerungen schmecken am besten, wenn sie mit allen Sinnen genossen werden.

2. **Langsam Kauen:** Nimm einen Bissen und dann: Langsam kauen! Das Kauen ist nicht nur eine notwendige Zwischenstation auf dem Weg zum Schlucken, sondern ein wichtiger Teil des Genusses. Jedes Mal, wenn du kaust, werden Aromen freigesetzt, die du ohne Eile entdecken solltest. Probier mal, 20-30 Mal zu kauen, bevor du schluckst – ja, es klingt nach viel, aber du wirst überrascht sein, wie viel intensiver dein Essen schmeckt.

    Tipp: Es kann anfangs seltsam sein, so lange zu kauen. Aber stell dir vor, du bist ein Sommelier, der nicht nur Wein, sondern auch jedes einzelne Reiskorn auf seinen Geschmack prüft. Gönn dir diesen Moment!

3. **Zeit nehmen:** Verteile die drei Handvoll Zeit großzügig über dein Essen. Kein Stress, keine Eile. Es gibt keine Stoppuhr, die dir sagt, wann du fertig sein musst. Genieße die Gespräche am Tisch, wenn du mit anderen zusammen bist, oder genieße die Stille, wenn du allein isst. In beiden Fällen: Lass dir Zeit.

    Meinung des Autors dazu: Wer isst, der soll auch genießen dürfen. Hast du jemals das letzte Stück Kuchen hastig heruntergeschlungen und danach festgestellt, dass du den Geschmack kaum wahrgenommen hast? Vermeide diese Enttäuschung, indem du dir die Zeit nimmst, jeden Bissen voll auszukosten.

4. **Dankbarkeit hinzufügen:** Während du isst, füge eine Prise Dankbarkeit hinzu. Dankbarkeit dafür, dass du dieses Essen hast, für die Menschen, die es zubereitet haben (auch wenn du das selbst warst), und für die Momente der Ruhe, die du beim Essen findest. Das ist der geheime Geschmacksträger in jedem Gericht!

    Beachte: Auch wenn es mal „nur" ein einfaches Butterbrot ist, Dankbarkeit macht es zu einer Delikatesse. Und ja, auch das simpelste Gericht hat einen besonderen Geschmack, wenn man es mit Dankbarkeit würzt.

5. **Genuss:** Jetzt kommt die wichtigste Zutat: Der Genuss. Lass es dir wirklich schmecken. Sei dir bewusst, dass Essen nicht nur der Nahrungsaufnahme dient, sondern auch der Freude. Schau dir dein Essen noch einmal an, bevor du es isst, nimm den Duft wahr und freue dich auf den Geschmack.

    Gut zu wissen: Genuss ist nicht optional, sondern Pflicht. Wenn du das nächste Mal an einem Wochentag dein Lieblingsgericht kochst, tu nicht so, als wäre es ein normaler Dienstagabend. Verwandle es in ein Festmahl, nur für dich!

6. **Humor einrühren:** Zum Schluss rührst du eine Messerspitze Humor ein. Ja, auch beim Essen darf gelacht werden. Lach über die Spaghetti, die sich auf deinem Kinn niederlässt, oder über den kleinen Klecks Soße, der es sich auf deinem weißen Hemd gemütlich gemacht hat. Humor lockert nicht nur den Magen, sondern auch die Stimmung.

Noch ein Tipp: *Ein kleiner Lachanfall zwischendurch kann Wunder wirken und verhindert, dass du zu verbissen an die Sache rangehst. Wenn du am Ende das Gefühl hast, dass du ein wenig „übertrieben" achtsam warst, dann war es genau richtig.*

Fazit:

Dieses Rezept für achtsames Essen ist einfach zuzubereiten und unglaublich wohltuend für Körper und Geist. Es verwandelt jede Mahlzeit in ein kleines Ritual des Genusses, das weit über das bloße Sattwerden hinausgeht. Also, beim nächsten Mal, wenn du dich an den Tisch setzt, vergiss die Eile und lass dir einfach mal Zeit.

Guten Appetit!

2. Meditation und ihre positiven Effekte

2.1 Wie du eine regelmäßige Meditationspraxis aufbaust

Stell dir mal vor, du stehst im Supermarkt an der Kasse, der Wagen ist voll, und hinter dir drängeln schon die ersten ungeduldigen Kunden. Dein Kleinkind im Einkaufswagen beschließt genau in diesem Moment, dass es jetzt dringend die Süßigkeiten aus dem Regal haben möchte – und zwar alle auf einmal. Die Kassiererin scannt deine Artikel mit einer Geschwindigkeit, die einer Schnecke Konkurrenz macht, und zu allem Überfluss stellst du fest, dass du die Einkaufsliste zu Hause auf dem Küchentisch hast liegen lassen. Dein Puls steigt, und die Schweißperlen bilden sich auf deiner Stirn. Na, kommt dir das bekannt vor?

In genau solchen Momenten wäre es doch wunderbar, einfach mal tief durchzuatmen und innerlich „Ommmm" zu sagen, oder? Hier kommen Meditationsübungen ins Spiel – kleine Pausen des Innehaltens, die dir helfen, in stressigen Situationen die Ruhe zu bewahren. Wenn du dir jetzt denkst, „Meditation? Das ist doch nichts für mich", dann lass uns dir das Gegenteil beweisen. Denn eine regelmäßige Meditationspraxis aufzubauen, ist gar nicht so schwer, und das Beste daran: Du kannst überall und jederzeit damit anfangen.

Den Aufbau beginnen

Meditation ist wie ein Muskel, den du trainierst – je öfter du es machst, desto stärker und effektiver wird er. Aber keine Sorge, du musst dafür nicht stundenlang im Lotussitz verharren oder dir einen buddhistischen Tempel suchen. Hier ist eine praktische Schritt-für-Schritt-Anleitung, wie du Meditation ganz einfach in deinen Alltag integrieren kannst.

1. Finde deinen Meditationsort

Der erste Schritt ist, einen Ort zu finden, an dem du ungestört bist. Das kann eine gemütliche Ecke im Wohnzimmer sein, dein Schlafzimmer oder sogar der Garten. Wichtig ist, dass du dich dort wohlfühlst. Richte dir diesen Platz so ein, dass er dir Ruhe und Geborgenheit bietet. Ein paar Kissen, eine Decke oder eine Kerze können helfen, eine entspannte Atmosphäre zu schaffen.

Tipp: Wenn du kleine Kinder hast, ist das Badezimmer vielleicht der einzige Ort, wo du für fünf Minuten wirklich allein sein kannst. Nutze das aus – die Meditation muss nicht lange dauern, sondern einfach nur regelmäßig stattfinden.

2. Starte mit kleinen Schritten

Fange klein an. Setze dir am Anfang ein realistisches Ziel – zum Beispiel fünf Minuten am Tag. Du kannst die Zeit nach und nach steigern, aber wichtig ist, dass du nicht gleich zu viel von dir erwartest. Ein paar Minuten bewusste Atmung und innere Einkehr können Wunder wirken. Stelle dir auch einen Timer auf deinem Handy, damit du nicht ständig auf die Uhr schauen musst. Wenn die Zeit um ist, wirst du sanft aus der Meditation „geweckt" und kannst frisch und erholt weitermachen.

3. Wähle eine Technik, die zu dir passt

Es gibt viele verschiedene Meditationsformen, und es geht nicht darum, die „richtige" zu finden, sondern diejenige, die am besten zu dir passt. Du kannst dich auf deine Atmung konzentrieren, ein Mantra wiederholen oder eine geführte Meditation machen. Vielleicht gefällt dir die Idee, deine Gedanken einfach nur kommen und gehen zu lassen, ohne sie zu bewerten. Experimentiere ein bisschen, bis du das gefunden hast, was sich für dich gut anfühlt.

Es gibt tolle Apps und Online-Angebote, die dich Schritt für Schritt in die Meditation einführen. Viele bieten kostenlose kurze Meditationssitzungen an – perfekt für den Einstieg!

4. Integriere die Meditation in deinen Alltag

Die Herausforderung besteht oft darin, die Meditation zur Gewohnheit zu machen. Der Trick: Integriere sie in deinen Alltag, indem du sie an bestehende Routinen koppelst. Meditiere beispielsweise jeden Morgen nach dem Zähneputzen oder abends vor dem Schlafengehen. So wird Meditation genauso selbstverständlich wie das Frühstück oder das Einchecken auf dem Handy.

Du kannst auch „Mini-Meditationen" in stressigen Situationen machen. Wenn du merkst, dass dir alles über den Kopf wächst – wie im Supermarkt – atme tief durch und versuche, für ein paar Sekunden die Augen zu schließen. Ein Moment der Ruhe kann dir helfen, klarer zu denken und gelassener zu reagieren.

5. Bleib dran und sei geduldig

Erwarte nicht, dass du sofort ein Meditations-Guru wirst. Es ist ganz normal, dass deine Gedanken abschweifen oder du unruhig wirst. Das ist okay! Der Schlüssel liegt in der Geduld mit dir selbst. Bleib dran, auch wenn es mal nicht perfekt läuft. Mit der Zeit wirst du feststellen, dass du immer besser darin wirst, dich zu entspannen und den Moment bewusst zu erleben.

Ein Ratschlag hierzu: Du kannst das Tagebuchschreiben auch hier ganz gut mit einbeziehen. Schreib auf, wie du dich vor und nach der Meditation fühlst. Es kann sehr motivierend sein, die positiven Veränderungen schwarz auf weiß zu sehen.

Eine regelmäßige Meditationspraxis aufzubauen, ist wie das Pflanzen eines kleinen Samen der Ruhe und Gelassenheit in deinem Alltag. Es braucht nicht viel, um diesen Samen zum Wachsen zu bringen – nur ein bisschen Zeit, Geduld und die Bereitschaft, dir selbst diese Momente der Stille zu gönnen. Mit der Zeit wird aus diesem kleinen Samen eine starke Pflanze, die dir hilft, selbst in den stressigsten Momenten die Ruhe zu bewahren.

Also, worauf wartest du noch? Finde deinen Lieblingsplatz, setz dich hin, atme tief durch und starte deine Meditationsreise. Und wer weiß, vielleicht wirst du irgendwann der ruhige Pol inmitten all des Alltagschaos, der mit einem entspannten Lächeln „Ommmm" sagt, während um dich herum die Welt tobt.

2.2 6 einfache Meditationsanleitungen

Diese sechs einfachen Meditationsübungen kannst du mühelos in deinen Alltag integrieren. Sie sind unkompliziert, alltagstauglich und bringen dir ein Stückchen mehr Ruhe und Gelassenheit – selbst in den chaotischsten Momenten.

1. Der Morgen-Atem-Mix:

Diese Übung ist perfekt, um deinen Tag ruhig und gelassen zu beginnen. Nach dem Aufwachen, noch bevor du aus dem Bett springst, nimm dir eine Minute Zeit. Schließe die Augen, leg die Hände auf den Bauch und atme tief durch die Nase ein. Spüre, wie sich dein Bauch hebt. Halte den Atem für einen Moment und atme dann langsam durch den Mund aus. Wiederhole das fünfmal. Das bringt Sauerstoff in den Körper und sorgt dafür, dass du den Tag frisch und entspannt startest – ohne gleich an die To-do-Liste zu denken. Mach diese Übung noch im Bett, bevor du überhaupt den Fuß auf den Boden setzt. So startest du mit einem klaren Kopf in den Tag.

2. Die Kaffee-Pause-Meditation:

Statt deinen Kaffee oder Tee hektisch nebenbei runterzuschütten, verwandle die nächste Pause in eine Mini-Meditation. Setz dich bequem hin, halte die Tasse in beiden Händen und nimm einen tiefen Atemzug. Genieße den Duft, bevor du einen Schluck nimmst. Spüre die Wärme der Tasse und den Geschmack auf deiner Zunge. Diese Übung dauert nur ein bis zwei Minuten, bringt dich aber sofort in den Moment und lässt dich deinen Kaffee bewusster genießen. Diese Übung funktioniert übrigens auch wunderbar mit Schokolade, einfach genießen und dabei nicht an die Kalorien denken!

3. Der „Stop!"-Moment:

Wenn du merkst, dass dir alles über den Kopf wächst, sei es im Job oder zu Hause, leg einen kurzen „Stop!"-Moment ein. Schließe die Augen, atme tief ein, zähle bis vier und atme dann langsam aus, während du weiter bis sechs zählst. Wiederhole das dreimal. Es ist wie ein kleiner Reset-Knopf für deinen Geist, der dir hilft, die Kontrolle zurückzugewinnen und die Situation mit klarem Kopf anzugehen. Dieser Trick funktioniert auch besonders gut, wenn du im Stau stehst und am liebsten das Lenkrad fest umklammern würdest.

4. Das achtsame Gehen:

Beim nächsten Spaziergang, sei es zum Supermarkt oder einfach nur um den Block, versuche, bewusst zu gehen. Achte auf jeden Schritt, den du machst. Spüre den Boden unter deinen Füßen, höre die Geräusche um dich herum und nimm die frische Luft wahr. Das ist nicht nur eine wunderbare Möglichkeit, dich zu erden, sondern auch, um den Kopf frei zu bekommen. Du musst nichts weiter tun, als einfach nur da zu sein und zu gehen. Das Ganze funktioniert auch wunderbar auf dem Weg zur Arbeit, selbst wenn es nur vom Parkplatz bis zum Büro ist.

5. Der „5-4-3-2-1"-Sinnes-Check:

Wenn du dich gestresst fühlst, nutze diese einfache Übung, um dich zu beruhigen und wieder im Hier und Jetzt anzukommen.

Schau dich um und benenne in Gedanken:

- 5 Dinge, die du sehen kannst,
- 4 Dinge, die du hören kannst,
- 3 Dinge, die du fühlen kannst,
- 2 Dinge, die du riechen kannst,
- 1 Sache, die du schmecken kannst. Das bringt dich sofort zurück in den Moment und lenkt deine Aufmerksamkeit weg vom Stress hin zu deinen Sinnen.

Diese Übung eignet sich perfekt, wenn du mal wieder gedanklich in einer Endlosschleife festhängst und eine Pause brauchst.

6. Die Gute-Nacht-Meditation:

Bevor du ins Bett gehst, nimm dir ein paar Minuten Zeit für diese einfache Meditation. Leg dich bequem hin, schließe die Augen und atme tief ein und aus. Beginne dann, deinen Körper von den Zehen bis zum Kopf bewusst zu entspannen. Spüre, wie sich jeder Muskel löst und der Tag von dir abfällt. Atme ruhig weiter, während du dich in diese Entspannung sinken lässt. Diese Übung hilft dir, den Tag loszulassen und ruhig in den Schlaf zu gleiten. Wenn dir dabei noch Gedanken durch den Kopf schwirren, stell dir vor, wie du sie mit jedem Ausatmen einfach wegpustest.

Diese Übungen sind wie kleine Oasen der Ruhe, die du jederzeit in deinen Alltag einbauen kannst. Sie brauchen weder viel Zeit noch besondere Vorbereitung, sondern nur deine Bereitschaft, dir selbst ein paar bewusste Momente zu schenken. Also, beim nächsten Mal, wenn der Alltag mal wieder die Überhand gewinnt, denk daran:

Ein Atemzug, ein kleiner „Stop!"-Moment oder ein achtsamer Schluck Kaffee können Wunder wirken.

Kapitel 10:
UMGANG MIT AUSREDEN UND BEQUEMLICHKEIT

1. Wie du gegen diese Ausreden angehen kannst

1. Wie du gegen diese Ausreden angehen kannst

1.1 Wie man Ausreden entlarven kann

Manchmal ertappen wir uns dabei, Ausreden zu erfinden, um uns aus einer Situation herauszuwinden. Sei es, weil wir einfach mal keine Lust haben, weil uns die Aufgabe über den Kopf wächst oder weil wir lieber auf der Couch bleiben wollen anstatt das Versprechen einzulösen, das wir vor Wochen gegeben haben. Aber welche Ausreden sind besonders kreativ und witzig, und wie kannst du sie entlarven, wenn sie dir begegnen? Hier kommen ein paar kreative Ausreden, in dem du selbst bewerten kannst, wie gut diese sind. Auch geben wir dir die Möglichkeit, deinen eigenen Favorit niederzuschreiben beziehungsweise selber kreativ zu werden!

Ausrede 1: „Mein Hund hat meine To-do-Liste gefressen!"

Bewertung:

Diese klassische Ausrede aus der Schulzeit hat ihren Weg in den Erwachsenenalltag gefunden. Sicherlich originell, aber wer hätte gedacht, dass der Hund plötzlich Appetit auf Papier hat?

Ausrede 2: „Ich würde ja mitkommen, aber mein Goldfisch feiert heute seinen Geburtstag."

Bewertung:

Für alle, die einen besonders treuen Begleiter haben – auch wenn er ein wenig... still ist. Diese Ausrede zeigt definitiv Kreativität und bringt sicher ein Schmunzeln auf die Lippen desjenigen, der sie hört!

Ausrede 3: „Ich kann nicht, ich muss meinem Kaktus das Gießen beibringen."

Bewertung:

Ah, die gute alte Pflanzenpflege! Wenn schon eine Pflanze zum Lehrer wird, kann man doch kaum widersprechen, oder? Auch wenn Kaktus-Pflege normalerweise wenig Zeit in Anspruch nimmt...

Ausrede 4: „Ich wäre gern gekommen, aber mein Einhorn war heute nicht in der Stimmung."

Bewertung:

Ein wahrer Klassiker der Fantasie. Wer kann schon widersprechen, wenn dein imaginäres Einhorn einen schlechten Tag hat? Unbestreitbar unterhaltsam, aber vielleicht ein bisschen schwer zu glauben.

Ausrede 5: „Sorry, mein Kühlschrank hat die Zeit eingefroren!"
Bewertung:

Technologie ist manchmal eben nicht auf unserer Seite. Ein eingefrorener Kühlschrank ist aber sicher eine seltene Erklärung für Unpünktlichkeit. Kreativ? Ja! Glaubwürdig? Eher weniger.

Jetzt bist du dran!

Und was ist mit dir? Hast du eine eigene kreative Ausrede, die du schon mal benutzt hast oder benutzen könntest? Hier ist Platz für deine persönliche, grandiose Ausrede. Lass deiner Fantasie freien Lauf und schreib sie auf!

Meine kreative Ausrede:

Wie du Ausreden entlarven kannst – Ein Beispiel

Nun, kreativ und lustig mögen diese Ausreden sein, aber was tun, wenn sie dir begegnen und du dir nicht sicher bist, ob sie ernst gemeint sind? Nehmen wir an, jemand sagt dir, dass sie ihren Kaktus gießen müssen und deshalb nicht mit dir ins Kino gehen können. Wie entlarvst du diese Ausrede?

Schritt 1: Den Humor annehmen

Zuerst einmal: Geh mit dem Witz mit! Zeig, dass du den Spaß verstehst, und antworte mit einem Augenzwinkern. Zum Beispiel: „Oh, verstehe, Kaktus-Pflege ist eine ernste Angelegenheit!"

Schritt 2: Nachfragen stellen

Dann kannst du freundlich nachfragen, ob der Grund wirklich ernst gemeint ist oder ob sie vielleicht einfach keine Lust haben. Eine offene Frage wie: „Wirklich? Wenn du lieber zu Hause bleiben willst, ist das auch okay!" kann oft helfen, die Wahrheit ans Licht zu bringen, ohne dass sich jemand unangenehm fühlt.

Schritt 3: Verständnis zeigen

Manchmal stecken hinter Ausreden auch echte Bedürfnisse oder Unsicherheiten. Zeige Verständnis, wenn jemand doch nicht mitkommen möchte, und biete eine Alternative an. „Kein Problem, vielleicht machen wir nächste Woche etwas zusammen, wenn du Lust hast!"

Ausreden gehören zum menschlichen Miteinander einfach dazu – manchmal aus Faulheit, manchmal aus Verlegenheit, und manchmal einfach nur aus Spaß. Wichtig ist, sie mit Humor zu nehmen und das

Wesentliche im Blick zu behalten: Es geht nicht darum, jemanden zu überführen, sondern darum, ein offenes und ehrliches Miteinander zu pflegen.

1.2 Strategien zur Überwindung von Prokrastination: 6 effektive Ansätze.

Prokrastination: Das klingt erstmal nach einem komplizierten Fremdwort, aber es beschreibt etwas, das die meisten von uns nur zu gut kennen: Das ständige Aufschieben von Aufgaben. Statt sich direkt an die Arbeit zu machen, finden wir plötzlich tausend andere Dinge, die „ganz dringend" erledigt werden müssen, sei es der Abwasch, das Sortieren der Sockenschublade oder das Scrollen durch Social Media. Am Ende des Tages bleibt die eigentliche Aufgabe ungelöst, und das schlechte Gewissen plagt uns. Aber warum tun wir das? Prokrastination entsteht oft aus einer Mischung von Perfektionismus, Angst vor dem Scheitern und manchmal schlichtweg mangelnder Motivation. Aber keine Sorge, es gibt Hoffnung! Es gibt einige effektive Strategien, um der Prokrastination ein Schnippchen zu schlagen und deine To-do-Liste endlich in Angriff zu nehmen.

1. Der 5-Minuten-Trick

Dieser Trick ist fast schon magisch: Sag dir einfach, dass du nur für fünf Minuten mit der Aufgabe anfangen wirst. Dabei sagst du dir ständig, dass du das ganze ‚nur 5 Minuten machst. Nur fünf Minuten, mehr nicht. Der Clou? In den meisten Fällen wirst du, einmal angefangen, auch weitermachen wollen. Das Schwierige ist oft der Anfang, aber wenn du erst mal drin bist, fließt es von selbst. Und wenn nicht, dann hast du immerhin fünf Minuten geschafft: besser als nichts, oder?

2. Die Belohnung in Aussicht

Warum nicht den inneren Schweinehund mit etwas Bestechung locken? Setze dir eine kleine Belohnung, die du dir gönnst, bevor du diese Aufgabe beginnst. Das kann ein Stück Schokolade sein, eine Folge deiner Lieblingsserie oder was dir auch gut tun mag. Indem du dir selbst etwas Schönes in Aussicht stellst, motivierst du dich, die unangenehme Aufgabe schneller abzuhaken.

3. Die „Eat the Frog"-Methode

„Eat the Frog": das klingt im ersten Moment seltsam, aber es steckt eine weise Erkenntnis dahinter. Die Idee stammt von Mark Twain und besagt, dass du die unangenehmste Aufgabe des Tages als erstes erledigen solltest. Stell dir vor, diese Aufgabe ist der „Frosch", den du gleich morgens isst. Ist der Frosch erst mal geschluckt, kann es nur noch besser werden! Wenn du die schwierigste Aufgabe direkt angehst, fällt der Rest des Tages viel leichter.

4. Die Pomodoro-Technik

Diese Technik ist nicht nur effektiv, sondern auch ganz einfach umzusetzen. Du stellst dir einen Timer auf 25 Minuten und arbeitest konzentriert an deiner Aufgabe, ohne dich ablenken zu lassen. Nach diesen 25 Minuten machst du eine kurze Pause von 5 Minuten. Wiederhole das viermal, und dann gönnst du dir eine längere Pause von 15-30 Minuten. Diese Methode hilft dir, den Fokus zu halten und macht die Arbeit in kleinen, überschaubaren Häppchen viel erträglicher.

5. Das „To-doodle"-Notizbuch

Anstatt einer strengen To-do-Liste, die oft erdrückend wirken kann, probiere mal ein „To-doodle"-Notizbuch aus. Hier schreibst du deine Aufgaben auf, aber mit einer Portion Kreativität! Zeichne kleine Bilder, benutze bunte Stifte, mach es so fröhlich und bunt wie möglich. Das gibt der Aufgabenliste einen verspielten Touch und macht es fast schon zu einem Vergnügen, die Punkte nach und nach abzuhaken.

Prokrastination ist etwas, das uns allen mal passiert – aber mit den richtigen Strategien kannst du dich selbst austricksen und die Dinge anpacken, die schon lange auf dich warten. Ob du den Frosch isst, dich mit kleinen Belohnungen lockst oder einfach mal für fünf Minuten anfängst, es gibt viele Wege, um dem Aufschieben den Kampf anzusagen. Also, schnapp dir deine Liste und leg los! Dein zukünftiges Ich wird dir dankbar sein.

6. Sich das ganze so einfach wie möglich machen. Ablenkung so schwer wie möglich.

Diese Strategie ist vielleicht die pragmatischste von allen, aber oft auch die effektivste. Der Trick besteht darin, die Aufgabe, vor der du dich drückst, so simpel und zugänglich wie möglich zu gestalten. Als Beispiel: Du willst endlich mit dem Schreiben dieses langen Berichts beginnen. Statt darauf zu warten, dass die perfekte Muse dich küsst, mach es dir so einfach wie möglich: Öffne das Dokument, stelle die Schriftgröße auf angenehm groß, und platziere dich an einem ruhigen Ort, wo du ungestört bist.

Und dann kommt der Clou: Mach die Ablenkungen so schwer wie möglich! Setz dein Handy in den Flugmodus, blockiere Social-Media-

Seiten, und schaffe dir eine Umgebung, in der es nahezu unmöglich ist, von der Aufgabe abzuweichen. Je weniger Optionen du hast, dich ablenken zu lassen, desto eher wirst du dich der Aufgabe widmen. Es geht darum, den Widerstand zu minimieren und die Hürden für Ablenkungen zu maximieren. So schaffst du es, dich endlich an das zu machen, was du schon so lange vor dir herschiebst.

2. Motivationsstrategien für den Alltag

2.1 7 Ziele setzen und verfolgen

Vielleicht hast du diese Vision vor Augen, wie du dabei Spaß hast, neue Fähigkeiten erlernst und sogar ein neues Kapitel in deinem Leben aufschlägst. Das Gefühl, zum Beispiel ein neues Hobby oder eine Sportart auszuprobieren, kann aufregend sein. Aber wie gehst du das Ganze an? Hier werden dir zwei Ansätze gezeigt, die gerne gewählt werden. Schauen wir uns beide einmal an und sehen, welche Unterschiede es machen kann, ob du dir klare Ziele setzt oder einfach drauf loslegst!

Einfach drauf loslegen

Stell dir vor, du hast beschlossen, mit Yoga anzufangen. Die bunte Yogamatte liegt schon bereit, und du hast dir vorgenommen, „einfach mal loszulegen". Ohne großen Plan, ohne bestimmte Ziele – einfach so, weil dir Yoga gut tun soll. Am ersten Tag rollst du die Matte aus, suchst dir ein Video auf YouTube aus und beginnst, den Anweisungen zu folgen. Es ist irgendwie ganz nett, aber als es an die anspruchsvolleren Positionen geht, wirst du ein wenig unsicher. Am nächsten Tag hast du schon weniger Motivation, und die Woche darauf fällt die Yogamatte unter den Wäscheberg. Irgendwie hat sich das neue Hobby nicht so richtig in deinen Alltag integriert. Du hast es versucht, aber ohne klare Richtung ist es einfach nicht zu deiner Routine geworden. Ein bisschen schade, oder?

Sich Ziele und Etappen setzen

Und nun ein anderes Szenario: Du möchtest ebenfalls mit Yoga anfangen, aber diesmal entscheidest du dich, das Ganze etwas strukturierter anzugehen. Du setzt dir konkrete Ziele: „Ich möchte in den nächsten vier Wochen dreimal pro Woche Yoga machen und am Ende des Monats in der Lage sein, den herabschauenden Hund ohne Zittern zu halten." Du suchst dir feste Tage und Uhrzeiten aus, an denen du Yoga machen wirst – vielleicht Montag, Mittwoch und Freitag jeweils morgens nach dem Aufstehen. Zusätzlich schreibst du dir kleine Etappenziele auf, die du erreichen möchtest, zum Beispiel „In der ersten Woche möchte ich mich besonders auf die Atemtechnik konzentrieren." Mit diesem Plan startest du in deine erste Woche. Am Ende jeder Yogasession kannst du dir kleine Notizen darüber machen, was gut lief und was du beim nächsten Mal verbessern möchtest. Das motiviert dich, dranzubleiben, und am Ende des Monats spürst du schon deutliche Fortschritte. Du bist stolz auf dich, weil du deine Ziele erreicht hast, und Yoga ist inzwischen ein fester Bestandteil deines Alltags geworden. Hurra!

Der Unterschied zwischen den beiden Ansätzen? Ganz klar, die Zielsetzung! Wenn du dir klare Ziele setzt und dir eine Struktur gibst, ist die Wahrscheinlichkeit viel größer, dass du dein neues Hobby oder deine Sportart erfolgreich in deinen Alltag integrierst. Natürlich ist es toll, einfach mal loszulegen, aber mit einem Plan und kleinen Etappenzielen fühlst du dich am Ende nicht nur zufriedener, sondern auch motivierter, dranzubleiben.

2.2 5 Belohnungssysteme zur Motivation

Belohnungssysteme sind kraftvolle Helfer wenn es darum geht, Motivation zu steigern und positive Verhaltensänderungen zu fördern. Die Idee dahinter ist denkbar einfach: Für jede erreichte Aufgabe, jedes kleine Ziel oder jede bewältigte Herausforderung belohnst du dich selbst mit etwas Schönem. Das können materielle Dinge sein, wie eine kleine Leckerei oder ein neuer Roman, oder immaterielle Belohnungen, wie ein leckeres Essen oder eine ausgiebige Wellness-Stunde.

Warum funktionieren Belohnungssysteme so gut? Nun, sie sprechen das Belohnungszentrum in unserem Gehirn an. Immer wenn wir eine Aufgabe erfolgreich abgeschlossen haben und uns dafür belohnen, wird Dopamin ausgeschüttet – das sogenannte Glückshormon. Diese Ausschüttung macht uns glücklich und motiviert uns, weiterzumachen. Zudem helfen Belohnungen dabei, neue Gewohnheiten zu festigen. Je öfter du dich belohnst, desto mehr verknüpft dein Gehirn die positive Handlung mit dem guten Gefühl, das folgt und voilà, die Motivation bleibt hoch!

Als Beispiel stellen wir einmal ein liebevoll gestaltetes Belohnungssystem vor, das dir als Anreiz dient, motiviert zu bleiben. Dieses System ist flexibel, sodass du es an deine eigenen Bedürfnisse anpassen kannst. Und das Beste daran? Es macht Spaß!

Aufgabe/Ziel	Belohnung	Sticker
3x pro Woche Sport treiben	Ein Lieblings-Smoothie vor dem Training + ein neues Fitness-Accesoire	👟
5 Tage in Folge gesund essen	Ein neues Rezeptbuch oder Kochzubehör dass dir das Kochen noch leichter macht	🔍
1 Stunde aktiv auf Social Media verzichten (z. B. ohne Handy spazieren)	30 Minuten entspannendes Bad oder Lesen + eine neue Duftkerze	🛁
Eine blöde Aufgabe endlich angehen	Ein Kinobesuch oder ein Filmabend zu Hause + ein XXL-Popcorn und Lieblingsgetränk	🎬
7 Tage lang ausreichend Wasser trinken (Am besten nur Wasser)	Ein hübsches neues Trinkglas oder Wasserflasche	💧

SCHRITT FÜR SCHRITT: SO FUNKTIONIERT DEIN BELOHNUNGSSYSTEM

1. Ziele festlegen und mit Herz füllen:

Überlege dir, welche Ziele du erreichen möchtest, und sei dabei so kreativ wie möglich! Vielleicht willst du mehr Bewegung in deinen Alltag integrieren, dich gesünder ernähren oder einfach weniger Zeit am Handy verbringen. Was auch immer es ist, schreib es auf und überlege, wie du dieses Ziel in kleine, machbare Etappen aufteilen kannst.

2. Belohnungen auswählen – und warum nicht ein bisschen mehr?

Belohnungen machen das Erreichen deiner Ziele noch süßer. Füge zu jeder Belohnung eine kleine Extra-Belohnung hinzu, die dir besonders Freude bereitet. Hast du dir einen Smoothie als Belohnung ausgesucht? Warum nicht dazu noch ein neues Fitness-Accessoire, wie ein Stirnband oder eine Trinkflasche? Der Gedanke daran motiviert dich gleich doppelt!

3. Illustrationen und kleine Kunstwerke:

Du liebst es bunt und fröhlich? Dann gestalte deine Belohnungstabelle mit kleinen Zeichnungen, Stickern oder Emojis. Jedes Mal, wenn du eine Aufgabe erledigt hast, kannst du das passende Symbol ausmalen oder einen Sticker daneben kleben. Das macht das Ganze nicht nur hübsch, sondern auch richtig spaßig!

4. Feste Rituale schaffen:

Sorge dafür, dass du deine Belohnungen auch wirklich genießt. Schaffe kleine Rituale, bei denen du dich bewusst entspannst und die Früchte deiner Arbeit erntest. Vielleicht ist dein Ritual, den Smoothie in deinem Lieblingsglas auf dem Balkon zu trinken, während die Sonne untergeht, oder du genießt das neue Rezept aus deinem Kochbuch bei einem Kerzenlicht-Dinner. Es sind diese kleinen, bewusst zelebrierten Momente, die dir zeigen: Du hast es verdient.

5. Und wenn es mal nicht klappt?

Es gibt Tage, da läuft es nicht wie geplant und das ist völlig okay. Wichtig ist, dass du dir selbst nicht zu hart gegenüber bist. Belohnungssysteme sollen dich motivieren und nicht stressen. Wenn ein Ziel mal nicht erreicht wird, nimm dir die Zeit, darüber nachzudenken, warum das so war, und justiere deine Pläne für die kommende Woche. Vielleicht ist es an der Zeit, die Ziele ein wenig anzupassen oder dir eine neue, besonders verlockende Belohnung zu überlegen. Vielleicht waren deine Ziele auch nur zu hoch. Falls dies so ist, probiere auch ruhig den Inhalt deiner Ziele anzupassen bzw. an deine Bedürfnisse zu richten. So zum Beispiel, anstatt drei Mal in der Woche Sport zu machen, dann nur zwei Mal.

> Die größte Belohnung, die ich mir schenken kann, ist der Moment, in dem ich spüre, dass ich meine eigenen Ziele mit Hingabe und Selbstfürsorge erreicht habe.

SCHLUSSWORT

Wow, was für eine Reise! Du kannst dir selbst auf die Schulter klopfen, denn du hast einen großen Schritt gemacht, um mehr über dich selbst zu erfahren sowie dein Leben in eine Richtung zu lenken, die dir guttut. Gemeinsam haben wir erkundet, wie wichtig es ist, auf sich selbst zu achten, Grenzen zu setzen und den Mental Load zu reduzieren. Du hast gelernt, dass es okay ist, auch mal „Nein" zu sagen und dass dein Wohlbefinden genauso wichtig ist wie das der Menschen um dich herum.

Wir haben uns angeschaut, wie du durch Achtsamkeit, regelmäßige Meditations- und Atemübungen und das Setzen von Zielen ein starkes, positives Mindset entwickeln kannst. Du weißt jetzt, wie viel Kraft in dir steckt, wenn du dich bewusst auf das Positive konzentrierst und deine Gedanken in eine Richtung lenkst, die dir Energie gibt, statt sie dir zu rauben. Und nicht zu vergessen: Pilates! Du hast erfahren, wie diese wunderbare Bewegungspraxis nicht nur deinen Körper stärkt, sondern auch deinen Geist beruhigt, eine perfekte Kombination für mehr Balance im Alltag.

Wir haben auch darüber gesprochen, wie wichtig es ist, deine eigenen Bedürfnisse ernst zu nehmen. Du hast dir ein Belohnungssystem erarbeitet, das dir dabei hilft, motiviert zu bleiben und deine Erfolge zu feiern. Denn ja, du hast es verdient, dich selbst zu belohnen und stolz auf das zu sein, was du jeden Tag leistest.

Aber das Wichtigste, was du mitnehmen solltest, ist die Erkenntnis, dass du Zeit für dich selbst einplanen musst. Nicht nur hin und wieder, sondern regelmäßig. Denn nur wenn du gut für dich sorgst, kannst du auch gut für andere da sein. Es ist kein Egoismus, sondern pure Selbstfürsorge: Ein kleines Wort, das Großes bewirken kann.

Und jetzt, zum Abschluss, eine letzte Frage: Bist du bereit, all die Hinweise, die du aus diesem Buch mitgenommen hast, einmal in die Tat umzusetzen oder es zumindest mal auszuprobieren? (Bitte eine oder mehrere Möglichkeiten ankreuzen)

[ ] Ja!

[ ] Ja, unbedingt!

[ ] Ich kann gar nicht anders!

Na siehst du, es gibt keinen Grund mehr, warum du nicht Ja zu dir selbst sagen solltest! Nimm dir die Zeit, genieße deine Erfolge, und vergiss nicht, dass du großartig bist und zwar genau so, wie du bist. Dabei das Lächeln nicht vergessen!

HAFTUNGSAUSSCHLUSS

Die Informationen und Ratschläge, die in diesem Buch präsentiert werden, dienen ausschließlich zu Informationszwecken. Der Autor und der Verlag übernehmen keine Gewähr für die Richtigkeit, Vollständigkeit oder Aktualität der Inhalte. Es wird keine Garantie für den Erfolg der in diesem Buch vorgestellten Strategien, Methoden oder Techniken gegeben.

Der Inhalt dieses Buches stellt keine professionelle Beratung oder medizinischen Rat dar. Jeder Leser wird dazu ermutigt, bei Bedarf qualifizierte Fachleute zu konsultieren, um individuelle Fragen oder Bedenken zu behandeln. Der Autor und der Verlag übernehmen keine Verantwortung für etwaige direkte oder indirekte Schäden, die durch die Umsetzung der in diesem Buch präsentierten Informationen entstehen könnten. Es liegt in der Verantwortung des Lesers, die vorgestellten Konzepte und Strategien sorgfältig zu prüfen und auf die individuellen Umstände und Bedürfnisse anzupassen.

Es wird keinerlei Gewährleistung für die Verfügbarkeit von externen Ressourcen oder Websites gegeben, auf die in diesem Buch verwiesen wird. Der Autor und der Verlag haften nicht für den Inhalt, die Verfügbarkeit oder die Sicherheit solcher externen Ressourcen oder Websites. Der Leser trägt die alleinige Verantwortung für die Anwendung und Umsetzung der in diesem Buch vorgestellten Informationen. Jede Handlung oder Entscheidung, die aufgrund der in diesem Buch präsentierten Inhalte getroffen wird, liegt im Ermessen und auf eigenes Risiko des Lesers.

Es ist zu beachten, dass rechtliche und gesundheitliche Bestimmungen variieren können und sich im Laufe der Zeit ändern können. Es liegt in der Verantwortung des Lesers, sich über aktuelle Gesetze, Vorschriften und Bestimmungen zu informieren. Dieser Haftungsausschluss gilt für alle Ausgaben dieses Buches und für alle zukünftigen Ergänzungen oder Aktualisierungen.

www.ingramcontent.com/pod-product-compliance
Lightning Source LLC
Chambersburg PA
CBHW071214070526
44584CB00019B/3026